# 笑える英語のジョーク百連発!

大島 希巳江

No Joke, No Life.

研究社

# はじめに

　ユーモア学の研究者のあいだでは、「笑いは敵を作らず」と言われています。人は自分を笑わせてくれる人に対して敵意を持たないからです。相手を笑わせることによって、相手を味方につけ、お互いに好意を持ち、友好関係を築くことができます。その意味でも、異文化コミュニケーションにおいて、ユーモアやジョークのスキルは大変重要です。言語や文化にギャップがあると、衝突が起こりやすいからです。グローバル化が進む現代社会において、国際言語である英語でコミュニケーションをとる際に、これからはますますユーモア力や笑いが必要になってきます。

　それは分かっていても、どのようなジョークを英語で言えば相手にとって面白く、自分にとっても面白くて適切なのか、なかなか難しいところだと思います。自分ではつまらないと思いながら、どこかで覚えたアメリカン・ジョークを言っても自分らしくなくて不自然だ、と感じる人が増えています。言語も文化もアイデンティティです。自分らしさを失ってしまっては、コミュニケーションをとることの意味さえありません。

　本当は、自分自身の失敗談や面白エピソードを話すことがいちばんのユーモア溢れるコミュニケーションです。世界でも、そういったオリジナルの話のほうがウケがいいようです。本書はその前段階の練習として使っていただければ、と思います。

　本書では、様々なテーマを切り口にしてジョークや笑い話を英語と日本語で紹介しています。数ある中でも、世界の誰もが面白いと思える普遍的なジョークに限りなく近いものを集めています。これ

は面白い、使えそうだ、と思えるものは是非お試しください。何度も同じジョークを別の人に言っているうちに、語り口もどんどん上手になって、やがて自分のものになっていきます。

　英語に関して、単語やフレーズの解説はありません。前後の文脈から、カンを働かせて意味を考えながらドンドン読んでください。そうしてオチで笑えたら、ホントに気持ちいいものです。

　話の流れの良さを重視しているので、語り口として英語と日本語で時制が異なっているものもあります。話によっては、英語では現在形でジョークを語ると〈臨場感〉が出ることがあります。

　楽しい読み物であると同時に、本書によってコミュニケーション・ツールとしてのユーモアの役割をご理解いただき、より平穏な関係が友人、夫婦、親子、兄弟、職場、社会、国家、民族、そして男女のあいだに構築できることを心より祈っています。

Laugh & Peace

2016年夏

大島 希巳江

＊[本書は、読売新聞の英字紙 *The Japan News* の連載コラム 'No Laughing Matter'（2013年4月から2016年3月）に掲載されたものをまとめ、加筆・修正したものです]

目次

①笑う女と笑わせる男………8

②時代を表わすジョーク………12

③笑いの甲冑で身を守る………16

④聴衆を味方につけるユーモア………20

⑤おやじギャグにも価値あり………24

⑥ビジネスに有効なユーモア………28

⑦難題を解決するユーモア力………32

⑧パターン化された英語のジョーク………36

⑨ハワイの平和共存を保つ多民族ジョーク………40

⑩自嘲ユーモアの効能………44

⑪ユーモアの定義………48

⑫日本人にはユーモアのセンスがない!?………52

⑬世界で一番面白いジョーク………56

⑭新しい季節の新入りジョーク………60

⑮女性にまつわるジョーク………64

⑯男性にまつわるジョーク………68

⑰永遠で普遍のテーマ──死のユーモア………72

⑱いつだって許される「泥棒ジョーク」………76

⑲専門職のジョーク………80

⑳子供は無意識に大人を笑わせる天才………84

㉑世界の英語と方言………*88*

㉒最もポピュラーなテーマ………*92*

㉓ケチはやっぱりウケる………*96*

㉔笑う門には福来る………*100*

㉕世界最強、おばちゃんジョーク………*104*

㉖卒業＆就職………*108*

㉗花見と酔っぱらい………*112*

㉘旅はいつだって笑いのネタ………*116*

㉙6月は幸せな結婚ができる！？………*120*

㉚親子や兄弟にまつわるジョーク………*124*

㉛世界一多い「ユダヤ・ジョーク」………*128*

㉜テストにまつわるジョーク………*132*

㉝田舎者のジョーク………*136*

㉞航空機ジョーク………*140*

㉟スポーツに関するジョーク………*144*

㊱お金を賢く使う技はジョークにあり………*148*

㊲話を「盛る」、魚釣りジョーク………*152*

㊳達成できそうな今年の抱負は？………*156*

㊴試験の季節…賢いのは誰？………*160*

㊵なぞなぞで、子供も大人も頭の体操………*164*

# 笑える 英語のジョーク百連発!

# 笑う女と笑わせる男 ①

　ユーモアを発信するのは主に30代から50代の男性で、最も笑うのは10代後半から20代前半の女性である、と言われます。社会との関わりが最も深いミドルエイジの男性がユーモアの発信者となるのは、ストレスも多く、政治、社会、職場、人間関係、恋愛、など様々な場面でユーモアの材料となるものに多く接しているためとされています。コメディアンやお笑い芸人に男性のほうが多い理由の一つです。

　女性は男性より30％多く笑うという調査結果がありますが、特に若い女性は経験の少なさから意外性に対してよく笑う傾向があります。そしてもう一つ、男性が女性を笑わせる理由は〈好かれる〉ためです。笑いには相手に好意を持たせる効果があり、女性は自分を笑わせてくれる人を好きになる傾向があります。それを本能的に知っている男性は、気になる女性を笑わせようとするのですね。

　しかし、男女はお互いに理解し合えない、ということも多く、それをネタにしたジョークがたくさん存在します。

**Yesterday, scientists in the States revealed that beer contains small traces of female hormones. To prove their theory, they**

fed one hundred men twelve cans of beer each and observed that 100% of them started talking nonsense and couldn't drive.

アメリカの科学者たちによって昨日、ビールには微量の女性ホルモンが含まれていることが明らかになった。これを立証するため、100人の男性にビール12缶ずつを飲ませて観察したところ、100％の確率でワケの分からないことをしゃべり出し、運転ができなくなることが分かった。

　男性にとっては、なぜ女性があんなにしゃべり、運転が下手なのか、理解できないといったところでしょう。人類史上最も古いジョーク、つまり最初のジョークは男女に関するものであり、世界で最も数が多いのも男女に関するジョークであると言われています。それだけ、お互いに関心がありつつも、円滑な関係を保つのは難しいのです。男女の違いをアダムとイブの創られ方に答えを求めるジョークもいくつかあります。

Months pass after God created Eve for Adam. God asks Adam, "How is your woman?" Adam replies back, "God, she is nice and beautiful. She is great, except… why did you make her so stupid and ignorant?" God replies back to Adam, "So she would love you."

神様がアダムのためにイブを創ってから数か月後。神様がアダムに聞きました。「女性はどうかね？」。アダム「神様、彼女はとてもステキで美しい。素晴らしいのですが…なぜあんなにオバカで無知にお創りになったのですか？」。神様「そうすれば、お前のことを愛するだろうと思って。

　男女のコミュニケーションは、外国人同士のコミュニケーションよりも難しいとさえ言われます。そもそも、男女では会話の目的が異なるのです。一般的に、男性が口を開くのは、何かを伝える、尋ねる、話し合って決めるときです。女性は違います。会話をする、もしくは続けるということ自体が目的となって会話をします。話に行きつくところはなく、おしゃべりをしているという状態を保つためにしゃべるのです。女性にとっては無駄なことではなく、人間関係を構築し、維持するのに重要な行為です。この違いがあるため、男性は無駄に思える女性のおしゃべりについていけない、と考えるのです。

　そんな男女差もよくジョークのネタになります。

**A guy sits down at the bar and orders drink after drink rapidly. "Is everything okay?" the bartender asks. "My wife and I got into a fight and she said she isn't talking to me for a month!" The bartender says, "Well, maybe that's kind of a good thing. You know, a little peace and quiet?" "Yeah. But today is the last day."

男がバーで次々に飲み物を頼んでいる。「大丈夫ですか？」とバーテンダーが聞くと、男は、「かみさんとケンカしちゃってね。1か月間、オレとは口をきかないって言うんだよ」。バーテンダー「まあ、それはちょっといいことかもしれませんね。ほら、静かで平和でしょう？」。男「ああ。それも今日が最後だ」。

　世に男女間のトラブルは尽きません。何しろ、地球上の誰よりも文化がかけ離れている同士なのですから。残念ながら、男女のコミュニケーションにこれというユニバーサルな解決策はありません。お互いを火星人、金星人だと思うほうが気楽かもしれません。だからこそ、こうしたジョークで笑い飛ばすのでしょう。

# 時代を表わす
# ジョーク ②

英語のジョークは社会を映す鏡だと言われています。たとえば、最近は高齢化社会を表現したジョークが多い気がします。

Three sisters, aged 92, 94, and 96, live together. One night the 96-year-old draws a bath. She puts one foot in and pauses. "Was I getting in the tub or out?" she yells. The 94-year-old hollers back, "I don't know, I'll come up to see." She starts up the stairs and stops. She shouts, "Was I going up or going down?" The 92-year-old is sitting at the kitchen table having tea, shakes her head and says, "I sure hope I never get that forgetful," and knocks on wood for good measure. Then she yells, "I'll come up and help both of you as soon as I see who's at the door."

92歳、94歳、96歳の姉妹が一緒に住んでいた。ある晩、96歳の長女が風呂に入ろうと片足を入れたところで叫んだ。「あたしは風呂に入ろうとしてたんだっけ、出ようとしてたんだっけ？」。94歳の次女が「分からないわ。今行くから待って」とどなり返し、階段を上がろうとしたところ、「あたしは階段を上がろうとしてたんだっけ、降りようとしてた

## 時代を表わすジョーク

んだっけ？」と大声を上げた。食卓でお茶を飲んでいた92歳の三女は、首を振りながら「あんなに忘れっぽくはなりたくないわねえ」と言い、厄除けに食卓をコンコンと叩いて立ち上がった。「今二人とも助けに行くから。…玄関に誰が来たのか確認してからね」。

"knock on wood" は、悪いことが起きないように木を叩いて魔よけをすることから、「幸運を祈る」という意味の熟語にもなっています。ここでは、姉たちのように物忘れがひどくなりたくないと思った三女が木のテーブルを叩いたわけですが、それを忘れ、「誰かがドアをノックしている」と勘違いしたのです。

最近はパソコンを扱えないと仕事にならない社会ですが、それについていけない社員やまたその上司が苦労するという現象もジョークで表現されます。

**During a recent password audit by a company, it was found that an employee was using the following password: "MickeyMinniePlutoHueyLouieDeweyDonaldGoofySacramento." When her boss asked why she had such a long password, she rolled her eyes and said: "Hello! It has to be at least 8 characters long and include at least one capital."**

ある会社で最近パスワードの検査をしたとき、従業員の一人が、MickeyMinniePlutoHueyLouieDeweyDonaldGoofySacramentoという、とても長いパスワードを使っていることが分かりました。上司がなぜそのようなパスワードを使っているのか問いただすと、彼女は目を丸くして、「あら！ だって、パスワードって最低8個のキャラクターと首都を1つ含んでなきゃいけないんでしょ」。

　「文字」の意味のcharacterと、アニメなどの「キャラクター」を取り違えた上に、「大文字」の意味のcapitalを「首都（州都）」とカン違いしたというワケです。

　「社会の鏡」の代表格と言えば風刺ジョークです。風刺は庶民の不満のはけ口として大いに役立つと同時に、歴史記録としての機能もあります。たとえば、米国と旧ソ連の冷戦時代には多くのジョークが語られ、当時の両国の関係や緊張感を現代に伝えてくれる良い材料になっています。

**A young man working at a TV factory in the Soviet Union said to a friend one day. "I'm so broke, I can't even buy a TV set even though I work at a TV factory." His friend said, "You should take different parts of a TV home every day. Then you can build a TV at home." The young man thought it**

was a good idea, so he started taking parts from the factory. About a month later, he gathered all the parts. He put all the parts together and built a machine gun instead of a TV.

ソ連のテレビ工場で働く青年が、ある日友人に言った。「テレビ工場で働いているのに、お金がなくてテレビも買えないんだ」。すると友人は提案した。「毎日違う部品を一つずつ持ち帰ればいい。そうすれば家でテレビが組み立てられるじゃないか」。それは良い考えだと、青年は工場から部品を持ち帰るようにした。1か月後、すべての部品がそろった。青年が自宅で部品を組み立ててみると、テレビではなく機関銃が出来上がった。

　日本では、現代川柳やサラリーマン川柳も「社会の鏡」としての役割を持っていると思います。上司に不満のある部下、できの悪い部下を持つ上司、孫のハイテクの話についていけない祖父母、昔よりも生意気な子供、若づくりに夢中の母親——そんな社会現象をずばり表わしたものが多いですね。

# 笑いの甲冑で
# 身を守る ③

　ユーモアや笑いの機能の一つとして、相手の怒りや攻撃性を取り除き、衝突を避けるというものがあります。ユーモアの「武装解除」と呼んでいますが、まさに相手を笑わせることによって**disarm**するのです。そのようなユーモアは時として自分の身を守ってくれます。アメリカの第16代大統領のエイブラハム・リンカーンは、大統領になる前からユーモアのセンスを発揮していたと言われています。彼が自分の身をユーモアで守った、有名なエピソードがあります。

Before he was elected President of the U.S., Abraham Lincoln was challenged to a duel by an angry gentleman. Lincoln replied that he would accept the challenge if he could choose the weapons and the distance at which the two would stand. The gentleman agreed. "How about cow manure at five paces?" Lincoln said. Then the man started laughing and that was the end of the controversy.

エイブラハム・リンカーンはアメリカ合衆国の大統領に当選する前、ある怒った男性から決闘を申し込まれたことがある。リンカーンは、もし

# 笑いの甲冑で身を守る

彼自身が武器と二人の距離を決めて良いのであれば、その決闘を受けて立つと返答した。男性がそれに同意したので、「では牛のフンと5歩でどうかね」と申し出た。すると男性は笑い出し、口論はそれきりになったという。

　リンカーンが生きた1800年代、当時の決闘（duel）といえば、銃を腰に差し、二人が背中合わせに立ち、同じ歩数をそれぞれが歩いたところで振り向きざまにお互いを撃つ、というものでした。どちらか、もしくは二人とも死んでしまうかもしれない危険な決闘です。リンカーンはユーモラスな返答によって、自分を死の危険から守ると同時に相手の命をも救ったことにもなるのです。笑いは怒りを中和するのです。
　日本の政治家では、吉田茂首相にユーモアのセンスがあったと言われます。戦後、同首相はこのままでは一千万人が餓えてしまう、

とマッカーサーに訴え、食料を送らせました。結局、そのような事態にはならなかったことについて、後にマッカーサーがだまされたと怒って詰め寄ると、同首相は「あれは確かに間違いだった。この国の統計はなってない。もっと統計がしっかりしていたら、そもそも米国と戦争などしなかった」と言い、マッカーサーを苦笑させ、その場を丸く収めたということです。機転を利かせたユーモアある一言が危機を救うことは十分にありえます。だからこそ、人の上に立つ指導者やリーダーほどユーモアが必要であると言えるのではないでしょうか。

　ユーモアあるアイデアは、ストレスから人々の精神を救うこともあります。時として人力では解決しがたいことがストレスの原因となることもありますが、ユーモアでそれを回避した例があります。米ニューヨーク州のシラキュースという都市は雪が多く、人々はその雪の量にストレスを抱えていました。そこで、市議会では新しい条例を発行することにしたのです。翌日、それが新聞に掲載されました。

**"Winter Weary City Issues Ban on Snowfalls"**
SYRACUSE — It's official: No more snow shall fall in the city of Syracuse until Christmas Eve. The Common Council agreed to that last night. The resolution says that while the city has distinguished itself with a record snowfall of over 162.5 inches for the season, its residents have had enough snow and are now ready for a real spring. Now therefore, be it resolved, on behalf of the snowy-weary citizens of the city of Syracuse, any further snowfall is expressly outlawed in the city of Syracuse until Dec. 24.

[冬に疲れた都市 降雪禁止令を発令]
シラキュース──公式発表：クリスマスイブまでのシラキュースにおける一切の降雪を禁止。市議会が昨夜合意に至った。決議案では、この冬162.5インチ[約4メートル]という記録的な降雪をもって、市民には雪はもう十分であり、春を待ち望んでいるとした。このことから、雪に疲れた住民を代表して、シラキュース市では12月24日までの今後一切の降雪は明らかに非合法であると決議したものである。

　もちろん、この正式発表をもってしても降雪は続きました。でも、市民は雪が降るたびに「今日も禁止令に違反している！」と語り合い、降雪を笑い飛ばすことができたということです。雪を止めることはできませんから、この場合、人々をストレスから守ることが重要であったということです。笑うこと、笑わせることで衝突を回避できるのであれば、これはとても有効かつ平和的な方法なのではないでしょうか。

# 聴衆を味方につけるユーモア ④

　スピーチやプレゼンテーションの冒頭や最後にジョークを言う、という手法は最近日本でも増えてきたという印象を受けます。一昔前までは、日本人のスピーチは拷問のようだと言われたものです。理由は退屈だからです。

　人前で話すからには、聞き手を退屈させないこともサービスの一部で、思いやりです。とどこおりなく話し終えることにばかり集中して聞き手を退屈させてしまっては、言いたいことも相手に伝わりません。相手は寝てしまって聞いてさえくれないかもしれないのです。

　とはいえ、何でもいいからジョークを言えばいいというわけでもありません。これから話そうとしているスピーチの内容に関連するようなエピソードを冒頭にもってくるような工夫をすると、キラリとセンスが光ります。たとえば、ある商品の「流通システム」に関するプレゼンテーションの冒頭に、次のようなエピソードが使われたことがあります。

A man was walking in desert. He was thirsty but he had no water. After a while, he found a small shop and said, "I want

聴衆を味方につけるユーモア

some water." The shop manager said, "We only sell neckties here." So the man kept on walking. Then he found another shop. He said he wanted some water, but the shop manager said that they only sold jackets. He kept walking. Then he found a fine-looking hotel. "They must have some water," he said to himself. But when he was about to enter the hotel, the doorman stopped him and said, "Excuse me, sir, but we only allow customers with a necktie and a jacket."

ある男が砂漠を歩いていた。喉が渇いたが水がない。しばらくして小さな店があったので「水をくれ」と言うと、「当店ではネクタイしか取り扱っておりません」と店主は答えた。またしばらく砂漠を行くと、別の店が見えた。「水をくれ」と言うと、「当店ではジャケットしか取り扱っておりません」と言われた。しかたなくまたしばらく行くと、今度は大きくて立派なホテルがあった。ここにならば水があるはず、と男はホ

テルに入ろうとした。するとドアマンが男を止めて、「すみませんがお客様、当ホテルはネクタイとジャケット着用の方のみにご利用いただいております」。

　このジョークの後、水、ネクタイ、ジャケットを商品に、また、店とホテルを流通システムに見立て、需要に合う商品供給の話をしたところ、多くの聞き手が分かりやすくて説得力のある話だったと高く評価しました。話の内容が専門的で複雑であればあるほど、分かりやすい事例となる笑い話は効果的です。聞き手の集中力を保つことにもなります。
　また、相手を笑わせることは、相手から好意を持たれるということにもなります。スピーチやプレゼンテーションでも、聞き手を味方につけて、より好意的に聞いてもらうには、ユーモアを活用すると良いようです。その一例をご紹介しましょう。

As an airplane prepares to land, a flight attendant says, "Ladies and gentlemen, we are getting ready to land. Please fill out our questionnaire on our service on the aircraft. And when you fill in the flight number of this aircraft, it is Air New Zealand 256 if you liked the service. If not, it is Qantas 1904."
ある旅客機がもうすぐ目的地に着くというときに、客室乗務員が機内アナウンスをした。「ご搭乗の皆さま、当機はまもなく着陸いたします。私どものサービスに関するアンケートにご協力お願いいたします。なお、このアンケートには当機の便名を記入していただきますが、サービスがお気に召しましたら当機はニュージーランド航空256便、お気に召しませんでしたらカンタス航空1904便でございます」。

飛行機に長時間乗っていて、退屈を極めていた乗客には刺激的なジョークでした。かなり好感度を上げ、良いアンケート結果が得られたということです。両社のちょっとしたライバル関係も垣間見られる、面白いエピソードです。

　もちろん、サービスに自信があるからこそ、このような一言が言えるのであり、10段階評価の8と答えるところを、10と答えさせる効果があるのです。サービスが悪ければ、当然逆効果です。ジョークを言えるくらいの自信と余裕がある、ということが乗客に伝わったのでしょう。説得力のある一言ですね。

# おやじギャグにも価値あり ⑤

　「布団が吹っ飛んだ」や「ドイツ人はどいつだ」などに代表される、単純な言葉のシャレやギャグなどを中年男性が口にすると、それはしばしば「おやじギャグ」であるとされます。おやじギャグは冷遇されているようですが、実は多様化しつつある日本社会では、おやじギャグにも役割があると考えられます。

　1970年代以降、女性の社会進出や「新人類」と呼ばれた世代の出現によって、中年男性が中心だった社会全体や職場に変化が現れました。中年男性とは全く異なる文化を持っている女性や若者とのコミュニケーションは難しいものです。気まずい雰囲気を解消したり、人間関係を構築したりするには一緒に笑うことがいちばんですが、共通の話題がないとそれも難しいのです。

　唯一の共通点は「日本語を話す」ということです。その日本語を駆使して、場を和ませようとしているのであれば、おやじギャグももう少し温かい目で見守ってほしいと思っています。ただし、ただ自分が言いたいだけだったり、もしくは笑うことを強要するようであれば、もはやそれは思いやりのおやじギャグではないので、一蹴してもいいかもしれません。

　英語圏でも同様の傾向はあります。性別、年齢、さらには民族、

おやじギャグにも価値あり

　言語、出身国などが異なる人々が共生する社会においては、共有する文化が限られています。唯一共有できているものが英語という言語であるとすると、英語という言葉を使ったジョークがいちばん通じやすいのです。**one-liner**、もしくは**one-line joke**と呼ばれる、一行で完結する短いジョークがたくさんあります。

　その一つが、"A woman without her man is nothing."です。どこで切るかによって、「男のいない女は全く無意味である」（A woman without her man, is nothing.）、「女―彼女なしには男は無である」（A woman, without her, man is nothing.）と、全く逆の意味になる文です。

　身近なネタでは、こんなものもあります。

"I broke my finger yesterday, but on the other hand, I'm completely fine!"

昨日、指折っちゃったんだけど、[もう片方の手は]全く平気だよ！

　指を折ってしまったのに、全く大丈夫ということはないはずですが、**on the other hand**（一方で）という表現を言葉どおりに理解すると、もう片方の手は全く平気、ということになるので意味が通じるということです。まさに英語のおやじギャグと呼べるものでしょう。言った本人はドヤ顔で大爆笑、聞いた若者は、"That's nice."（それはよかったね）程度のコメントとともに苦笑い、という光景が目に浮かびます。
　英語は単語レベルでは日本語ほど同音異義語は多くありませんが、フレーズとなると、**double meaning**（二重の意味）を持つものが、数多くあります。

A man called an airline company. "Hi, how long does it take to fly from Tokyo to New York?" The operator answered the phone and said, "Just a minute." "Wow! That fast! Thank you!" Click!
ある男性が航空会社に電話した。「どうも。東京からニューヨークってどのくらいかかるの？」。電話に出たオペレーターが、「少々お待ちください（ちょうど1分です）」と言うと、「わお！そんなに速いの！ありがとう！」。ガチャン。[電話を切る音]

　ややウケくらいのジョークです。単純な言葉遊びのジョークは、内容が浅すぎてなかなか大爆笑にはつながりません。しかし、おやじギャグが目指すところはクオリティの高い笑いではありません。敵意がないこと、楽しんでほしいと思っていること、共通点は少ないけれど笑いを共有したいと思っていること、などを相手に伝える

のが目的なのではないかと思います。

　最後に、日本発の英語おやじギャグを一つ。これはウケがいいですよ。和訳ナシでトライしてみてください。

**Foreigner**: Hey, teach me a Japanese word!
**Japanese**: OK, how about "arigato." It means thank you. It's a nice word to remember.
**Foreigner**: Ah, ari... aga... to...it's very difficult.
**Japanese**: Well, then remember it as alligator. Arigato, alligator, arigato, alligator...they sound similar.
**Foreigner**: Great! I'll do that.
[Next day]
**Japanese**: Hey, I'll buy you some beer. It's on me.
**Foreigner**: Oh, ah....yes! Crocodile!

　古典的な小噺ですが、このジョークを聞いた外国人は、必ず日本語の「ありがとう」だけはしっかり覚えてくれます。ぜひ、お試しください。

# ビジネスに有効な
# ユーモア ⑥

　日本ではまだ、仕事の場面や職場で笑うことは不謹慎と感じられたり、不真面目だと思われたりする傾向があるようです。近年、企業文化の一つとしてユーモアを取り入れることの多いアメリカでも、30年ほど前までは職場で笑いは歓迎されていませんでした。

　ところが、ユーモア研究が進むと、ユーモアセンスのある人材は、生産性が高く、リーダーシップとチームワークに長け、健康を維持できるうえに高度な柔軟性と創造力で困難な問題を解決する、逆境に強いタイプであるということが分かってきたのです。ストレスを軽減し、仕事の効率が上がるのであれば、ということで、急速にユーモアのある人材の採用が増えてきました。

　ユーモアがあると、仕事のうえでどのようなメリットがあるのでしょうか。こんな事例があります。

　ある車の修理工が問題を抱えていました。顧客が車を修理に持ってくるのですが、修理の過程を見学したり手伝おうとしたりして、預けて帰ってくれない客がいるのです。作業が進まず困っていましたが、顧客との関係を保つためには、帰ってほしいとも言いにくいという状況です。そこでユーモラスな料金表を作って入口にかけることにしました。

ビジネスに有効なユーモア

"Car Repair: Regular, $40 per hour / If you watch, $45 per hour / If you give advice, $50 per hour / If you help, $60 per hour"

「車の修理料金表：通常は、1時間40ドル／見学される場合は、1時間45ドル／アドバイスくださる場合は、1時間50ドル／お手伝いくださる場合は、1時間60ドル」

　これを見た顧客は、クスリと笑って車を預けて帰ってくれるそうです。顧客との関係も良好に維持し、仕事は集中してできるので効率も良くなります。ウィットの効いたユーモアに、客は以前よりもこの修理工に好意を持ってリピーターになってくれているとのことです。

　意外かもしれませんが、航空業界ではユーモアは非常に重要で

す。特にパイロットや客室乗務員には欠かせない能力であるといえます。ユーモアのある人は、いざという時にパニックに陥らず、落ち着いて冷静に、そして柔軟に問題に対処できるからです。常に危険と隣り合わせの職業だからこそ、ユーモアが必要なのです。生真面目な人ほど、想定外の出来事に対して余裕をもって最適な対処をすることができない場合が多いそうです。

　ロサンゼルス行きの便に乗ったとき、こんなアナウンスをしたパイロットがいました。

**"We are about to land at Honolulu International Airport in half an hour. To your right, you can see the famous Diamond Head!"**
「あと30分ほどでホノルル国際空港に到着いたします。右側に見えますのは、有名なダイヤモンドヘッドです！」

　ロサンゼルス行きの便のはずなのに？　ダイヤモンドヘッドはハワイ・オアフ島の有名な火山です。驚いた乗客が右側の窓に集まり、半信半疑で火山を探し始めたとき、

**"I got you. Now we are flying over the Long Beach. We will be landing in L.A. in a few minutes."**
「ひっかかりましたね。現在飛んでいるのはロングビーチ上空です。あと数分でロサンゼルスに着陸いたします」

　…ときたものです。まさに緊張と緩和、長時間のフライトの疲れも吹っ飛ぶほどの大爆笑が起きました。また、パイロットのユーモアは乗客に安心感を与えます。ジョークの一つも言えるほど余裕が

あるパイロットなら安心だ、と思えるのでしょう。
　また、こんな機内アナウンスもありました。搭乗してすぐ、客室乗務員が緊急時の説明をしていたときです。

**"Put your mask over your mouth first, then put a mask on your child... if they have been good."**
「(酸素)マスクはまずご自分にしてください。それからお子様にもマスクをつけてください…もしも良い子にしていたら、ですが」

　機内という空間は長時間狭いところに閉じ込められ、しかも巨大な鉄の塊に乗って空を飛んでいるのだと思うと、不安やストレスを最大限に溜め込みやすい環境です。だからこそ、ユーモアや笑いでそれを解消することが重視されるのでしょう。
　ユーモアは思いやりです。大爆笑させる必要はありませんが、同僚や顧客をクスッと笑わせてあげることによって良い雰囲気が出来上がり、お互いに協力的になるものです。

# 難題を解決する
# ユーモア力 ⑦

　ユーモアのセンスがあることを「ユーモア力」があると言います。個人のユーモア度測定表を作成するという研究も進められています。グローバル化が進むこの時代に、世界中のユーモア学者がユーモア力の必要性を説いています。理由は様々ですが、その一つはグローバル化で想定外の状況が起こりやすくなるので、それに対応できる人材が必要だと考えられるからです。ユーモア力のある人は、難しい問題に直面したときに、別の切り口から問題を見る能力があります。そして、一見難題に見えても、実は別の見方をすると案外簡単に解決することもあるのです。

　こんな有名なジョークがあります。

When NASA first started sending up astronauts, they quickly discovered that ballpoint pens would not work in zero gravity. To combat the problem, NASA scientists spent a decade and $12 billion to develop a pen that writes in zero gravity, upside down, underwater, on almost any surface including glass, and at temperatures ranging from below freezing to 300°C. On the other hand, the Russians used a pencil.

アメリカのNASAが宇宙飛行士を最初に宇宙に送り込んだとき、無重力状態ではボールペンが使えないことを発見しました。この問題に立ち向かうべく、NASAの科学者たちは10年の歳月と120億ドルの開発費をかけて、無重力でも逆さまでも水中でもガラスの面でも氷点下から摂氏300度までどんな温度でも書けるボールペンを開発したということです。一方でロシアでは鉛筆を使ったそうです。

　問題に直面したとき真正面からそれを解決しようとすると、かえって問題の本質が見えなくなってしまうことがあるということを、このジョークは示しています。解決策は意外に身近なところにあるかもしれません。そう、メガネがなくなったらあちこち探す前にまず頭の上をチェックし、鍵がなくなったら服のポケットを探るように。
　身近に起きるつまらない問題も、解決に時間がかかって継続的なストレスになると、耐え難いものになりかねません。
　ある小学校でこのようなことがあったそうです。

At a private school, many 12-year-old girls began to use lipstick. That was fine, but after they put on their lipstick they would press their lips to the mirror leaving dozens of little lip prints. Every night, the maintenance man would remove them and the next day, the girls would put them back. No matter how often teachers told them not to, or put a sign up, the girls didn't stop leaving the lip prints. Finally the principal called all the girls to the bathroom and had them meet the maintenance man. The principal explained that all these lip prints were causing a cleaning problem for

the man, asking him to show the girls how much effort was required to clean the mirror. He took out a long-handled squeegee, dipped it in the toilet, and cleaned up the mirror with it. Since then, there have been no lip prints on the mirror.

ある私立学校で、何人もの12歳の少女たちが口紅を使い始めました。それはいいのですが、口紅を使った後、彼女たちは自分たちの唇をトイレの鏡に押し付けて何十個ものリップマークを付けていくのです。毎晩、学校の用務員の男性がきれいに消すのですが、翌日にはまた少女たちが唇の跡を付けていきます。先生がどんなに注意しようと、掲示を出そうと、リップマークはなくなりませんでした。ついに、校長先生が少女たちをトイレに呼び出して用務員に会わせ、どれだけ掃除の面倒をかけているか少女たちに話しました。そして、用務員に鏡の掃除をしてみせるように頼んだのです。用務員は長い棒の先にスポンジのついた掃除器具

を取り出し、便器に突っ込み、それで鏡をゴシゴシと洗いました。以来、鏡にリップマークを付ける者はいなくなったそうです。

　恐らく、普段からこのように洗っているわけではありません。少女たちにそう見せたというだけです。ただ、ダメですよと言い続けても全く効果はなかったけれど、この問題を「どうやったら少女たちがリップマークを付けたくなくなるだろうか」という別の視点から見直した結果、たどり着いた解決策だったのです。
　難しい問題にシンプルな解決策を打ち出すのが「ユーモア力」です。ぜひ、日常でお試しください。

# パターン化された英語のジョーク ⑧

　英語のジョークといっても、それぞれの英語圏で異なる文化や社会がありますから一様ではありません。ただし、多民族・多文化社会がほとんどですから、全体の傾向としてはすべての人に分かりやすい、という点がポイントであるようです。典型的なジョークの形式もいくつかありますが、ここではポピュラーなものをご紹介しましょう。

[At a restaurant.]
**Q**: Do you know the difference between a bad customer and a canoe?
**A**: A canoe tips sometimes.
[レストランで]
質問：嫌な客とカヌーの違いって知ってる？
答え：カヌーなら時々はチップするよね。

　名詞tipの「心づけのちょっとしたお金」という意味と、動詞tipの「転覆する、ひっくり返る」という意味をかけた、おやじギャグでもありますが、典型的なQ&A形式のジョークになっていま

す。自分で質問し自分で答えて笑わせるというパターンです。「嫌な客」の代わりに、知り合いの中でもケチな人の名前を入れれば、より内輪ウケするジョークにもなりますし、ケチで有名な著名人など具体名を入れることもできますね。

このように形式がパターン化していると、それがすぐにジョークであるということが相手に伝わるというメリットがあります。

そんなことは常識の範囲で分かるのではないかと思われるかもしれませんが、異文化の持ち主と常に隣合わせで暮らしている人々の間では、自分の常識が相手に通用するとは限りません。冗談のつもりで言ったことが冗談と受け止められないこと、相手を意図せずして傷つけてしまうこと、などが多々起きます。そういう意味でも、分かりやすいジョークが流通するのですね。

逆に、多民族社会だからこそ飛び交うジョークもあります。「天国と地獄ジョーク」はその代表です。

**Heaven is where there are; German cars, Swiss watches, Italian designers, Chinese chefs, Indian engineers, American husbands, Japanese wives, French girlfriends, and…Hell is where there are; Italian cars, Chinese watches, Japanese designers, English chefs, Mexican engineers, Japanese husbands, American wives, Greek girlfriends, and…**

天国とは…車がドイツ製で、時計がスイス製で、デザイナーはイタリア人、料理人は中国人、エンジニアはインド人、夫はアメリカ人で妻は日本人、恋人ならフランス人…といったところでしょう。地獄とは…車がイタリア製で、時計が中国製で、デザイナーは日本人、料理人はイギリス人、エンジニアはメキシコ人、夫は日本人で妻はアメリカ人、恋人がギリシャ人…なんてところなんでしょうね。

内容はなんでもいいので、いくらでも増やすことができます。各国のステレオタイプ的な特徴をとらえて言い合うジョークです。重要な点は、差別的な立場で特定の民族をこき下ろす目的に使わないことです。礼儀として、自分の民族を必ず一つ地獄のほうで挙げると自嘲的で面白いし、みんな笑えます。

このパターンのジョークでは、やはり沈没した豪華客船タイタニック号のジョークが有名です。

**Q**: Titanic is about to sink in the ocean. How do you get all men on the ship to jump in the water before it's too late?
**A**: Tell Germans, "This is an order!" Tell English, "If you are a gentleman, you should jump in the water." Tell Americans, "You can be a hero if you jump." Tell Italians, "Look! There is a beautiful woman drowning!" Tell

**Japanese, "Everybody else is jumping in the water."**
質問：タイタニック号が海に沈もうとしています。どうやって男性を海に飛び込ませますか？
答え：ドイツ人には「これは命令だ！」。イギリス人には「紳士であれば飛び込むべきです」。アメリカ人には「飛び込んだらヒーローになれますよ」。イタリア人には「あっ！ 美女が溺れている！」。日本人には「皆さん飛び込んでいらっしゃいますよ」。

　これもまた、いくらでも増やせるので、その場でどんどん継ぎ足していって楽しめるジョークです。英語のジョークには、多民族だからこその単純な分かりやすさと、多様性を楽しむうえでの複雑さの両方が共存しているのです。

# ハワイの平和共存を保つ多民族ジョーク ⑨

　冬休みにはハワイなど暖かいところへお出かけになる人もいるのではないでしょうか。ハワイはアメリカの中でも最も多民族化が進んでいて、**Everybody is a minority.**（みんなが少数派）と言われている地域です。ポルトガル系、イギリス系、ベトナム系、韓国系、中国系、日系、と様々な民族がいますが、それぞれ人口の十数パーセントずつしかいないので、仲良く共存することができています。そんな平和な雰囲気が多くの観光客を惹きつけるのかもしれません。多民族ならではの特徴をとらえたエスニック・ジョークも人気です。

**Q**: Do you know why Japanese, Chinese and Portuguese walk with tiny steps?
**A**: Because Japanese wear kimono, Chinese are tight, and Portuguese forget to cut the strings of their sandals.
質問：どうして日本人、中国人、ポルトガル人は小股で歩くのでしょうか？
答え：日本人は着物を着ているから、中国人は財布のひもが堅いから、ポルトガル人はビーチサンダルを買っても、左右をつなぐ（プラス

ハワイの平和共存を保つ多民族ジョーク

チックの）ひもを切り忘れているから。

　日本人の着物は裾回りが狭く、小股で歩くイメージがあります。中国人は商売上手で財布のひもが堅いことを、**tight**（堅い、きつい）にかけて、そして、ハワイではちょっと間が抜けていることで知られているポルトガル人をからかったネタになっています。ポルトガル人自身も**professional fool**（間抜けのプロ）と自称しており、最高級のお間抜けジョークを自作しています。
　ポルトガル人をからかったハワイのジョークにはこんなものもあります。

[Two cars next to each other stopped at a red light.]
**Young man**: What are you looking at? Hum? What is it? Race?

**Portuguese man**: Ah, OK. Portuguese, Hawaiian, Japanese, Taiwanese...
 (Zippp.....!!) [The young man leaves.]
[赤信号で2台の車が止まっています]
若者：なに見てんだよ？ あーん？ なんだよ？ ヤルか？
ポルトガル人の男：えーと、いいよ。ポルトガル、ハワイ、日本、台湾…。
（ビュウンッ！！）[若者の車が発進する]

　血の気の多い若者が車で"Race?"と言ったら、「競争するか？」という意味に決まっていますが、天然ボケのポルトガル人の男はrace（民族）について聞かれたと思って答えているうちに、相手はビュウンッと走り去ってしまったわけです。
　ハワイはかなり以前から異民族間の婚姻が多い地域ですから、人口の半分ほどがミックスの人々です。ハーフやダブルといえるほどシンプルではなく、多くの人が自分の民族背景を聞かれると、数種類の民族名を答えます。それを几帳面に答えようとすると、時間がかかるというハワイの多民族性がよく出ているジョークです。この天然さから、彼の場合は特にポルトガル系の血筋が濃いということが分かります。
　最後に日本人に関わるジョークを一つ。みんながマイノリティではありますが、中でも日系人の割合が高いハワイでは、日本人にまつわるジョークも多いようです。

[Two Hawaiians are talking.]
**A**: Hey, did you hear that Arabs are going to buy one of our islands?

**B:** Oh, don't worry. The Japanese would never sell it.
[二人のハワイ人が話しています]
A：おい、聞いたか？ アラブ人がハワイの島を1つ買い取ろうとしているらしいよ。
B：いや、心配ないよ。日本人が絶対に売らないからね。

　このジョークには、裕福な日本人がハワイの土地を買い占めているということへの皮肉と、それでも、親近感の持てる日本人が所有するほうがまだマシ、というメッセージの両方が込められています。

# 自嘲ユーモアの効能 ⑩

　どこの国でも、自嘲ユーモアが最も敵を作りにくいジョークと言われています。つまり、自分で自分の欠点や失敗を笑いにするというパターンです。これができるということは、精神的に非常に健康であると言えます。自分で自分を笑えるということは、自分にある程度自信がないとできないことです。
　たとえば、日本人は面白くない、ジョークを言わない、というステレオタイプが世界に定着していますが、それをネタにするのが、次のような自嘲ユーモアです。

A stereotypical image of a Japanese person is a serious, hard-working figure in glasses and suit, with no sense of humor. There is a perfect excuse for that. The Japanese export too many good products, such as cars, video games and anime. So we decided not to export any good jokes. That's why nobody ever gets to hear Japanese people telling a joke!
日本人のステレオタイプ的なイメージといえば、真面目で勤勉でメガネにスーツ、そしてユーモアのセンスがない。しかし、これには完璧な理由があります。日本は車やゲーム、アニメなど良いものをたくさん輸出

自嘲ユーモアの効能

し過ぎています。だから、よいジョークだけは決して輸出しない、と決めているのです。日本人からジョークを聞けないのはそういうわけなのです。

　自嘲ユーモアでは、自分の欠点や弱点を認識しているということを表明できますし、相手に指摘される前に自分からそれを笑いにして相手に伝えておく防御機能もあります。
　日本人の３大苦手事項は、英語を話すこと、人前で話すこと、ジョークを語ること、と言われています。私は英語落語の海外公演ツアーによく出かけますが、この３大苦手事項を公演の冒頭に話すとまず苦笑いが起きます。今からやろうとしている英語落語は、この３つをすべて同時に行なう芸ですから。
　それからもう一つ、スピーチの前には言い訳をするという日本の習慣を聴衆に伝えます。これでもう、ハードルはこれ以上ないほど

低く設定されるので、何をしゃべってもウケるという状態が作れます。

　そもそも、なぜ日本人はそんなに英語が苦手なのか。それについてはこんな言い訳があります。

**English textbooks are really bad in Japan. The first sentence I learned in middle school is, "This is a pen." What a stupid sentence. Do you ever have to say that? And then, I learned, "Is this a desk? No, it is a chair." What a stupid question! A chair doesn't look like a desk. And then, I learned, "Am I a girl?"**

日本は、英語の教科書が本当に悪いんです。中学校で最初に習う文章が「これはペンです」。なんてバカバカしい文章でしょう。そんなセリフを言うことなんてあります？　それから、「これは机ですか？」「いいえ、それは椅子です」を習います。なんてバカバカしい質問でしょう！　椅子が机に見えるわけないんです。それから、「私は少女でしょうか？」を習うんですよ。

　本気で中学の英語教科書をコケにしているのではありません。この内容をきちんとした英語で話せば、聞いている人たちは自信の裏返しと捉えるのです。

　ちなみに、これは昔の英語の教科書をからかったものですが、このネタは共感を呼びます。どこの国でも、外国語学習の初級のテキストは、使える単語も文法などの学習項目も極端に少ないので、実生活では使えないような不自然な文章がたくさん出てきます。どの国の人も、「そういえば○○語の教科書、最初はそんな変な文章ばっかりだったな」と思い出しながら、共感して笑うのです。

日本人は英語が苦手と言われますが、外国語が苦手な人は他の国にもたくさんいます。そんな人たちに共感してもらえそうなのが次のジョークです。

**Q**: A bilingual person is someone who can speak two languages. A trilingual person is someone who can speak three languages. A multilingual person is someone who can speak more than three languages. Then what do you call someone who speaks one language?
**A**: An American!

質問：バイリンガルは2か国語話せる人のこと。トライリンガルは3か国語話せる人のこと。マルチリンガルは3か国語以上話せる人のこと。それでは1つの言語しか話さない人のことをなんと呼びますか？
答え：アメリカ人！

　アメリカ人に限りませんが、英語圏の人々は世界の人がある程度英語を話してくれるので、なかなか外国語学習に真剣に取り組めなかったり、苦手なままで済んでしまったりすることがある、という意味のジョークです。ちなみに、1つの言語のみを話す人のことは **monolingual**（モノリンガル）です。
　しかし、これは英語圏の人にとっての自嘲ユーモアでしたね。このジョーク、日本語版でやるなら、答えのアメリカ人を日本人に変えるという手もあります。

# ユーモアの定義 ⑪

　国際ユーモア学会で毎年のように定番となっている議論は、ユーモアの定義。ユーモアというものが複雑すぎて結局専門家の間でもなかなか合意に至りません。何年か前にユーモアの定義について延々と講演をしていた研究者がいました。その内容は難解で、矛盾しているようにも感じられました。2時間ほど経ったところで、聴衆の中から一人の女性が手を挙げて発言しました。"I think I can say everything you have just said in the last two hours with only three words. I DON'T KNOW!"

　観衆は拍手喝采、講演はそれでスパッと終わりました。さて、いろいろあるユーモアの定義の中で、現在もっとも主流とされているのが「不調和理論」です。一般に期待される社会的、文化的な常識から逸脱する言動がユーモアである、とされています。確かに多くのジョークやユーモラスな出来事は、普通ではないことが起きた場合を指すようです。

A new business was opening and one of the owner's friends wanted to send flowers for the occasion. They arrived at the new business site and the owner read the card; it said,

"Rest in Peace." The owner was angry and called the florist to complain. After he had told the florist of the obvious mistake and how angry he was, the florist said, "Sir, I'm really sorry for the mistake, but rather than getting angry you should imagine this: Somewhere there is a funeral taking place today, and they have flowers with a note saying, 'Congratulations on your new location.'"

新しく商売を始めるというので、店のオーナーの友人がお祝いの花を贈ろうと思った。店に届いた花についていたカードには〈ご冥福をお祈りします〉とあった。オーナーは怒って花屋に電話をし、文句を言った。オーナーは花屋に、この明らかな間違いと、いかに自分が怒っているかを伝えた。すると花屋が言った。「間違いについては大変申し訳ございません。しかし、怒るよりもちょっと考えてみてください。今日どこかのお葬式に〈新天地おめでとう〉のカードが添えられた花が届いているんですよ」。

　最後のどんでん返しが、上手い言い方だったり、こうなるだろうと思っていたことと違っていたりして、それがいわゆるオチ（punch line）になるということです。英語のジョークに限らず、日本に古くからある小噺にもこのユーモアの定義はたいてい当てはまります。

"Hi, Toku."（よお、徳さん）
"Hi, Gen."（よお、源さん）
"How is the bookshelf I built for you the other day?"（このあいだ作ってあげた本棚どうだい？）
"Oh, it's broken already. It was no good."（ああ、もう壊れ

> You didn't put anything on it, did you?

ちゃったよ。あれはひどかったね)
"What? Why? You didn't put anything on it, did you?"（なに？ なんで？ まさか何か載せなかっただろうね？）

　普通のことが普通に起きれば不思議でもないし、面白くもおかしくもないのです。それがちょっとズレると面白く感じるのです。だからこそ異文化間でユーモアを介するのは難しいということになるのですね。お互いの常識や次に期待される言動が異なるので、パンチラインが常識からズレているのかどうか、分からないのです。たとえば、かなり普遍的と思われるこんなジョークがあります。

**Q:** Why do people get divorced?（なんでみんな離婚するんだろう？）
**A:** Because they get married.（結婚するからさ）

恋愛の最終形や家族になるためには結婚するのがほぼ当たり前という常識がある社会では、このジョークは成り立ちます。でも、結婚せずに家族生活を送ることが珍しくないフランスやデンマークなどでは、このジョークにある問いそのものがあまり出てきません。だから、他国の常識を笑うという意味では理解はされますが、自分たちのユーモアとしては成り立たないのです。そう、他者のジョークによって自分では気がつかなかった自分だけの常識に気づかされることもあります。ユーモアと常識は深い関係にあるのですね。

**You have been in Japan too long when you bow while you are on the phone!**
電話で話しながらおじぎをしていたら、君は日本に長く居すぎたってことだ！

# 日本人にはユーモアのセンスがない!? ⑫

　毎年さまざまな国で英語落語の公演をしますが、どこへ行っても冒頭で"Welcome to Japanese sit-down comedy, Rakugo!"と言うと、もう笑いが起きます。それは、日本人がコメディをやるということ自体がもうジョークのようなものであるということを示しています。

　世界でいちばん厚い本はユダヤ人ジョークブックで、世界一薄い本は日本人のジョークブックである、などとも言われています。なぜ日本人にはユーモアのセンスがないと言われるのでしょうか。一つには、初対面でicebreaker（緊張をほぐすもの）としてのジョークを言い合う習慣がないということが挙げられます。初対面の相手であっても、同じ文化圏出身の人同士であればicebreakerはあまり必要とされません。反対に、初対面の相手が常に異文化の持ち主であるような多民族社会では、頻繁にジョークが交わされます。**If you want to make Japanese laugh on Monday, you have to tell a joke on Friday.**（もし日本人を月曜日に笑わせようと思ったら、金曜日にジョークを言わなければならない）というジョークがあるのも、なかなか相手のジョークをすぐに笑えない日本人のイメージからきているのでしょう。相手のジョークを笑っていいのか

どうか、失礼にならないかどうか考えてしまいますよね。
　日本人がジョークを海外もしくは外国人に向けてあまり言わない理由は、海外向けのネタをほとんど用意していないからです。内輪ウケの笑い話が圧倒的に多い日本人同士の会話では、ソト向けのジョークがこれまであまり発展してこなかったといえます。たとえば、2011年に「日本一おもしろい話」プロジェクトで上位に入った話にはこのようなものがありました。

弟の歴史の試験で、「板垣退助が襲われて負傷したとき、言ったとされる言葉は？」という問題が出たらしい。答えは「板垣死すとも自由は死せず」だが、弟の解答欄には、「うぐっ」と書かれていた。ある意味正しかったのではないかと思う。

My brother had a question on his history exam. It says: "What did Itagaki Taisuke say when he was attacked and wounded?" The right answer is, "Even if Itagaki dies, freedom never dies." But my brother answered, "Ouch." I think he was right.

　英語にできなくはないですが、文化的・歴史的背景を知っていることが前提の笑い話なので、海外向けに発信するには、説明をつける必要があります。
　もっと難しいのが、言葉を使ったシャレです。
　留学生の日本語の授業で、「どんより」を使って文章を作りなさいという問題がありました。ある学生の答え、「私はうどんよりそばが好きです」…素晴らしい！
　もはや英訳は無理ですね。実はこのプロジェクトの調査結果では、日本人の笑い話の75％はシャレや言葉遊び、聞き間違いや言い間違いなど、日本語に精通していないと分からないような言葉に

関わるものでした。さらに、日本の社会や文化をよく知らないと分からない話が8％ほどを占めており、この割合は多くの人がおもしろいと思う上位の話になればなるほど顕著に見られる傾向となりました。世界のどこでも通用しそうな普遍的な話は17％ほどで、少ないといえます。

　たとえば、このような話が普遍的なものの分類に入ります。

「禁煙したいんだけど、できないんだよね」
「ええ？　禁煙なんて簡単じゃん！　俺なんかもう7回もやってるよ！？」
"I want to stop smoking, but it's difficult."
"Really? It's easy to stop smoking. I've done it seven times already!"

　お分かりのように、やはり上位の内輪ウケの話のほうが日本人に

とってはおもしろいのです。そのようなことから、本当におもしろいと思える話は海外へ輸出されないのですね。日本の笑いのセンスを海外向けに説明することは、なかなか難しいことです。
　最後のおまけに、言葉遊びと文化背景のコンビネーション技が光る話を一つ。

　友達が入院したときのこと。彼女のお父さんが「好きなもの何でも買ってやるぞ。何が欲しい？」と聞いてくれたので、**GLAY**のベストが欲しいと言ったら、灰色のチョッキを買ってきたらしい。「他には何かあるか？」と言うので、「じゃあ、ゆずの新しいの」と言ってしまってから、しまったと思ったらしい。今頃、彼女のお父さんは八百屋でゆずの品定めをしているのだろう。
（＊「GLAY」「ゆず」は、日本の音楽グループ名）

# 世界で一番面白い
# ジョーク ⑬

　世界で一番面白いジョークは何か、聞いたことがありますか？ 多様な文化や価値観があるこの世界で、そんな一番を決めるのは無謀なことだと思いますが、その調査を行なったのが、英国の心理学者リチャード・ワイズマン博士です。2002年に、世界から4万以上のジョークを集め、150万人が投票して決めた世界一のジョークが、これです。

Two hunters are out in the woods when one of them collapses. He doesn't seem to be breathing and his eyes are glazed. The other guy whips out his phone and calls the emergency services. He gasps, "My friend is dead! What should I do?" The operator says, "Calm down. First, let's make sure he's dead." There is a silence, then a gunshot is heard. Back on the phone, the guy says, "OK, now what?"

二人の狩人が森を歩いてると、突然一人が倒れた。息が止まっているようで、目もうつろ。もう一人は急いで携帯電話を取り出し、救急へ電話した。「友人が死んじまった！　どうすればいい？」。電話に出たオペレーターは、「落ち着いて。まず、彼が死んでいるかどうか確かめま

しょう」。少しの静寂の後、「バーン！」という銃声。男が電話口に戻り、言った。「オーケーだ。で、次はどうすればいい？」。

いかがでしょうか？　このジョークのポイントはシャレの要素です。**let's make sure...**には2つの意味があり、1つは「〜を確認しましょう」、そしてもう1つは「〜であることを確実にしましょう」という意味です。もうおわかりですね。意味を取り違えた間抜けな男が、友人を撃ってしまうというオチです。なんだか残酷な話で、これが「世界一」だと言われても、いまひとつ納得できない気もしますが。英語のジョークなので、英語圏では一番、という解釈が正しいかもしれません。

では、同じ調査で「世界で二番目に面白いジョーク」に選ばれたものも紹介しましょう。

Sherlock Holmes and Dr. Watson were going camping. They pitched their tent under the stars and went to sleep. Sometime in the middle of the night, Holmes woke Watson up and said: "Watson, look up at the sky, and tell me what you see." Watson replied: "Well…I see millions and millions of stars." Holmes said: "And what do you deduce from that?" Watson replied: "Well, if there are millions of stars, and if even a few of those have planets, it's quite likely there are some planets like Earth out there. And if there are a few planets like Earth out there, there might also be life..." And Holmes said: "Watson, you idiot! It means that somebody stole our tent."

シャーロック・ホームズとワトソン博士がキャンプに出かけた。夜、星空の下でテントを張って寝ていると、夜中にホームズがワトソンを起こして言った。「ワトソン君、空を見上げて何が見えるか教えてくれないか」。ワトソン「えーと、星がたくさん見えます」。ホームズ「それで、それから何が推察されるかね？」。ワトソン「えー、それは…星がたくさんあるということは、もし、その中のいくつかに惑星があるなら、地球のような惑星もある可能性があります。それで地球のような惑星があるのだとすれば、生物もいるかもしれないということで…」。ホームズ「ワトソン君、君はアホか！ これは誰かが我々のテントを盗んだということだ」。

　こちらの方が、まだ素直に笑えるかもしれません。
　英語のジョークの特徴として、内輪ウケのネタを使うことが少ないことが挙げられます。今回取り上げた2つのジョークには、どちらも簡明で分かりやすいオチ（**punch line**）が付いています。

また2つ目のジョークに登場するキャラクターは、世界的に有名なホームズとワトソンのコンビです。初対面同士でも笑えるジョークは、人間関係の**icebreaker**（緊張をほぐすもの）になるので、お互いの出身地域特有の文化や社会を知らなくてもある程度理解できるよう、第三者が登場人物のジョークが多いのです。友人や家族の失敗談、言葉のやりとりが笑いの中心になっている日本のユーモアとは異なる点ですね。

　この2つのジョークは、英語圏の人々にはきっとウケると思います。ぜひ、お試しを！

# 新しい季節の
# 新入りジョーク ⑭

　4月は、新しい環境や新しい人々と出会う、エキサイティングだけど不安な時期です。
　学校や職場には新人さんが溢れています。緊張したり慣れなかったりして、失敗することもあるかと思います。

**Today's event will be history tomorrow.**
今日の出来事は、明日には歴史です。

　失敗から学んで、あとは笑い飛ばすのがいちばんです。日本でも世界でも「新入りジョーク」が多いのは、新しく飛び込んだ文化圏の常識が、まだ自分の身についていないからでしょう。

A new teacher was trying to make use of her psychology courses. She started her class by saying, "Everyone who thinks he or she is stupid, stand up!" After a few seconds, Little Johnny stood up. The teacher said, "Do you think you are stupid, Little Johnny?" "No, ma'am, but I hate to see you standing there all by yourself."

新任の先生が心理学で習ったことを使ってみようと考えました。授業の最初に「自分が馬鹿だと思う人は立ってください！」と言うと、数秒後にジョニーくんが立ち上がりました。「ジョニー、あなたは自分が馬鹿だと思うの？」と先生が言うと、「いいえ先生、でも先生だけが一人で立っているのがかわいそうで」。

　もう一つ、新人さんジョークを。

A man was seen fleeing down the hall of the hospital just before his operation. "What's the matter?" he was asked. He said, "I heard the nurse say, 'It's a very simple operation, don't worry, I'm sure it will be all right.'" "Well, she was just trying to comfort you, what's so frightening about that?" "She wasn't talking to me. She was talking to the doctor."

手術前の男が病院の廊下を逃げています。「いったいどうしたんです？」と聞くと、「看護師が『簡単な手術ですから、心配しないでください。きっと大丈夫ですよ』って言ってたんです」。「まあ、それはあなたを安心させようとして言ったことでしょう。何がそんなに怖いんですか？」。「その看護師はそれを私に言ったんじゃないんです。医者に言ってたんですよ」。

　こんな新人は特に、新しい環境で早く周りと打ち解けていい仲間になってほしいものです。やはり大事なのは笑顔です。生まれたての赤ん坊が最初に意識的につくる表情が笑顔です。この世への新入りとして、本能的に笑うことによって周りからかわいがられようとしているのです。**Smiles are contagious.** と言われますが、本当に笑顔は「伝染しやすい」もの。自分が笑えば、相手もつい笑顔に

なり、お互いによりよい関係を作る第一歩が踏み出せます。
　一度仲間になれば、自分たちの間だけで通用する内輪ウケのジョークや笑い話を共有できるようになります。そこへ入っていく新入りは、最初はなかなか大変なのですが。そのいい例を「刑務所ジョーク」でご紹介しましょう。

A new guy came into a jail. He soon noticed that the other inmates at the jail were playing a game. One man said, "number 18!" and everybody laughed. And another man said, "number 97!" Again, everybody burst out laughing. He wondered about the game, so he asked one of them. The man replied, "We have been here for a long time, and we've memorized all the jokes told here. So we numbered the jokes and tell them by numbers." So the new guy thought

新しい季節の新入りジョーク

he would try one, too. He stood up and said, "number 35!", but nobody laughed. The man next to him whispered, "Hey, man, 35 is a really bad joke."

ある刑務所に新入りがやってきました。すぐに刑務所の囚人たちがゲームをしていることに気がつきます。一人が「18番！」と言うと皆が笑います。また別の囚人が「97番！」と言うと皆が大爆笑。どんなゲームなのか不思議に思って囚人の一人に聞くと、「俺たちはここに長くいるから、ここで語られたジョークを全部覚えちまったのさ。だからジョークに番号をつけて、番号で言い合っているんだ」。そこで新入りも一つ試してみることにしました。彼は立ち上がって、「35番！」と言いました。でも誰も笑いません。隣にいた囚人がこっそりと「おいお前、35番とは本当に悪い冗談だぜ」。

　この彼も、刑務所内のジョークと番号をすべて覚えたとき、つまり彼らの常識を理解したとき、本当の仲間となり、刑務所は居心地のよい場所になるのでしょう。ただ、この場合、あまり居心地良くてもねぇ…。

# 女性にまつわる
# ジョーク ⑮

　世界最古のジョークは、男女にまつわるものである、と言われています。文明や文化が発展する前から男女だけは存在するわけですから、ジョークのネタとして普遍的であると考えられます。世界最古のジョークとされているのは、シュメール人のことわざを起源とする紀元前1900年ごろのものです。

**Something which has never occurred since time immemorial; a young woman did not fart in her husband's lap.**
太古の昔から、ありえないもの。それは、夫の膝の上でおならをしたことのない若妻。

　このジョーク以来、男女や夫婦に関するものが数限りなく語られてきました。もちろん、下品すぎるものも多いのですが、ここでは程よいところをご紹介したいと思います。男女にかかわるものとはいえ、中でも女性に関するものはとても多いようです。これは主にジョークの語り手は男性、という伝統が多くの社会で主流となってきたためと思われます。コメディアンにしても落語家や漫才師にしても、男性が圧倒的に多い理由は、昔は男性が社会の構成員として

より多くの役割を果たしてきたからでしょう。そのようなわけで、こんな有名なジョークがあります（8ページですでにご紹介したジョークのロングバージョンです）。

**Some scientists released the results of a recent study that revealed the presence of female hormones in beer. It found, drinking enough beer turns men into women. To test the theory, 100 men drank eight pints of beer each within a two-hour period. Then 100 percent of the men started arguing over nothing, talked nonsense, became overly emotional, gained weight, and couldn't drive.**

ある科学者たちが、ビールには女性ホルモンが入っているという新しい分析結果を発表した。ビールをある程度飲むと、男性が女性になってしまうという。この理論を検証するために100人の男性それぞれが2時間で8パイント［約4リットル］のビールを飲む実験をした。すると100％の男性がどうでもいいことで言い争いを始め、くだらないおしゃべりをし、異常に感情的になり、体重を増やし、運転ができなくなった。

　男性からみた女性はこういうものだ、ということなのでしょう。女性のおしゃべりが長いのは問題解決法の一つなのです。何か困ったことが起きたとき、男性は実質的な解決を求めますが、女性はそれについてしゃべり倒して発散し、あとは我慢するとか無視するとか、力技と精神力で乗り切るのです。女性の方が男性より心身ともに頑丈にできていると言われますが、女性はおしゃべりをすることで多くのことを解決する生物なのでしょう。それにしても男性は女性の容姿にきびしいですね。太った男性もたくさんいるのに、太目の女性に関するジョークばかりが目立ちます。

A middle-aged woman walked into a bar with her duck under her arm. The bartender looked at it and said, "Excuse me, but you can't do that." The woman said, "What? You don't allow ducks in this bar!?" The bartender said, "No, we don't allow pigs in here." "Ha!? Does this look like a pig to you? This is a duck!" The bartender retorted, "I know. I was talking to the duck."

ある中年女性がアヒルを小脇に抱えてバーに入って来た。バーテンダーがそれを見て「すみません、それは困るんです」。女性「なんですって？ このバーにはアヒルを連れてきちゃダメなの！？」。バーテンダー「いいえ、ここはブタがダメなんです」。女性「は！？ あんた、これがブタに見えるの？ これはアヒルだよ！」。バーテンダー「分かってます。私はアヒルに話しかけていたんです」。

ひどいです。そもそもユーモアやジョークは、タブーとされていることがネタになるので、男女についても、女性に関するものでも、おおやけに言えないようなことがジョークとなります。政治ネタや上司の悪口などのジョークが多いのも、堂々と言い出せないことを笑いとジョークに包んで遠回しに表現しているのです。
　最後に日本発のジョークを一つ。

A middle-aged woman went to a store and found a scale that talks. When you step on it, it says, "Pi...pi...pi...YOU ARE ◯◯ KILOGRAMS." So the woman put her bags down, took off her jacket, shoes, watch and belt to test the scale. She slowly stepped on the scale and it said, "Pi...pi...pi...ONE PERSON AT A TIME, PLEASE."

ある中年女性が店に行くと、しゃべる体重計がありました。それに乗ると、「ピッピッピッ、アナタハ ◯◯キロ デス」と言ってくれるのです。そこで女性は持っていたバッグをすべて置き、上着と靴を脱ぎ、時計とベルトもはずして試してみようとしました。女性がゆっくりとその体重計に乗ると、「ピッピッピッ、オヒトリ ズツ オネガイシマス」。

# 男性にまつわる ジョーク ⑯

　ジョークの世界では、女性に比べると男性の方が精神的に未熟で、賢さに欠けて、酒好きでだらしなく、痛みに弱いなどの特徴があるとされています（こうして並べ立てると、かなりひどいことを言っているように見えますが、あくまでジョークの世界では、という意味です…）。日本古来の小噺でも、「間抜け話」は必ず男性が主役です。

**Father and son were drinking at home and they started arguing. The father said, "Fine, I will never give you this house even after my death!" The son said, "I don't want this house. It's not even standing straight."**
父親と息子が家で呑んだくれていると、やがて口論になりました。父親は、「もういい、俺が死んでもお前なんかにこの家は絶対にやらないからな！」と言いました。すると息子は、「こんな家いらねぇや。ゆらゆらしてて、まっすぐに建ってもねぇじゃねぇか」。

　自分が酔っぱらってフラフラしているのに、家がゆらゆらしていると勘違いしている酔っぱらいの小噺です。もう一つ古典をご紹介

しましょう。

A man was drunk, feeling good, and walking home. Then he saw a gold coin in a water puddle. He tried to pick it up, but since it was a cold night, the water was frozen. He thought for a while, and came up with a good idea. He peed on the ice to melt it and get the coin...then he woke up. The gold coin was in his dream and the pee was real.

ある男が酔っぱらって、いい気分で家に向かって歩いていました。すると水たまりに小判を見つけました。拾おうとしましたが、寒い晩だったので水が凍っています。その男、しばらく考え、妙案が浮かびました。氷におしっこをかけて溶かし、小判を拾おうとすると…そこで目が覚めました。小判は夢で、おしっこだけが本物でしたとさ。

男性でなければ絶対にやらないことでしょう。異文化コミュニケーションの研究では、男女間の文化の違いも研究テーマになります。実は世界で最も文化がかけ離れていてコミュニケーション方法も異なるのは、外国人同士ではなく男性文化と女性文化なのです。同じ文化圏の者同士でも、男女が分かり合うのはとても難しいということですね。男性は目的があって初めてしゃべると言われています。男性にとっては当たり前でしょうが、女性は違います。女性にはなんの目的もなく数時間でもしゃべれるという、男性にはない特殊技能があります。この、会話の目的の違いが男女のコミュニケーションをとても難しくしていると考えられています。そこに、しゃべり過ぎる女性、それにうんざりする男性、という像が典型的に存在するのでしょう。

　典型的といえば、賢い奥さんと間抜けな夫のカップルもその一つです。どこの世界でも奥さんの言うことさえ聞いていれば間違いない、ということなのですね。

"What is the smartest thing a man can say?" "Well, my wife says that..."
「男性が言える最も賢いことは？」「まあ、うちのカミさんが言うにはね…」

　テレビのリモコンを持たせると、見たい番組が分からずに延々とチャンネルを変え続ける男性…。こんなときイラっとする女性陣には、こんなアイディアはいかが？　というジョークがあります。

"What's the best way to force a man to do sit-ups?" "Put the remote control between his toes."

「男性に腹筋をさせるいちばんいい方法は？」「テレビのリモコンを足のあいだにはさませること」

　長い話が苦手な男性陣のために短いジョークは存在する…、確かにそんな気もします。でもジョークが短いのはそれだけが理由じゃないかもしれません。

"Why are there so many one-liner jokes?" "So men can understand them."
「なぜ、短いジョークがこんなにたくさんあるの？」「男性が理解できるように」

　最後に世の女性の叫びを男性に分かりやすくone-linerで表現してみましょう。

"Why is it difficult to find men who are sensitive, caring, smart, and good looking?" "Because all of them already have boyfriends."
「繊細で気が利いて賢くてかっこいい男性を見つけるのはなぜそんなに難しい？」「だってみんなもう彼氏がいるんですもの」

　これ、女性にとっては残念ながら本当です！　延々と長い話をよく聞いてくれるステキでオシャレな男性は、女性ではなく男性が好きなタイプだったりするのです。

# 永遠で普遍のテーマ
## ——死のユーモア ⑰

　不思議なことに、世界には「死」に関するジョークがたくさん存在します。様々なテーマの中でも、もっともネガティブな雰囲気を持ったテーマですが、だからこそ普遍的な永遠のジョークネタとなっています。「死」はすべての人にいつか訪れるという意味で、公平であり、避けられないことであり、恐ろしいことです。

　ストレスのレシピは "Now, Here, Me"（今、ここで、自分に起きている、と思うとストレスになるということ）であると言われていますが、死のストレスから逃れるために、人々は「今じゃなくて、ここじゃなくて、自分に起きているわけじゃない」死の恐怖を笑い飛ばすのです。ユーモアはストレスや不安を軽減します。精神の健康を維持するためにも、死は笑い飛ばすべきテーマなのかもしれません。

　日本も例外ではなく、話のオチで人が死んだり、死体がネタになったり、という小噺はたくさんあります。英語圏でも、天国と地獄ジョーク、葬式ジョーク、飛び込みジョークと、多くの種類のジョークが「死」と関係しています。

**My old aunts used to come up to me at weddings, poking**

永遠で普遍のテーマ──死のユーモア

> Grandma said it's not for now.
> It's for the funeral.

me in the ribs and saying, "You're next!" After a while, I figured out how to stop them. I started doing the same thing to them at funerals!

年配のおばたちは結婚式で会うたびに、私の脇腹をひじでつついては「次はあんたよ！」とうるさく言っていた。だが、それをやめさせる方法が分かった。おばたちに葬式で会うたび、同じことを言ってやるようにしたのだ！

\*

An old man was lying on his deathbed, and the family was taking turns spending time with him. When he was speaking to his young granddaughter, he smelled his favorite apple pie! His wife must have been baking it for him to enjoy this one last time. So the man asked his granddaughter, "Honey, would you go ask grandma for a slice of that apple pie?" She ran out of the room and returned empty handed. "Where's my pie?" he asked. "Grandma said it's not for now," she said, "it's for the funeral."

おじいさんがもう長くないということで、家族が順番に挨拶をすることになった。おじいさんがまだ小さい孫娘と話していると、大好きなアップルパイの匂いが漂ってきた！ きっと妻が、最後にあのアップルパイを自分に食べさせてあげようと焼いているに違いないと思い、孫娘に言った。「おばあちゃんのところへ行って、アップルパイを一切れもらってきてくれるかい？」。孫娘はすぐに部屋を出ていったが、手ぶらで戻ってきた。「アップルパイはどうしたんだい？」とおじいさんが聞いた。すると孫娘は、「おばあちゃんが、今はダメだって。あれはお葬式用なんだって」。

*

There was a long line at a funeral. A woman wondered about it and so she asked the chief mourner who was a woman. "Excuse me, but whose funeral is this?" She replied, "Well, this is my mother-in-law's funeral. My dog killed her." The woman said, "Oh, I'm sorry to hear that. But she must have been such a wonderful lady. There are so many people for her funeral.... By the way, could I borrow your dog for a day or two?" The mourner said, "Sure. Get in line."

ある葬式でとても長い参列者の列ができていた。それを見た女性が不思議に思い、喪主の女性に声をかけた。「すみませんが、これはどなたのお葬式ですか？」女性は、「ああ、これは私の義理の母のお葬式なんです。実は私の飼っていた犬が義理の母を食い殺してしまって」と答えた。それを聞いた女性、「まあ、なんてお気の毒な。でも義理のお母さんはとても素晴らしい方だったのでしょうね。こんなにたくさんの方が

お葬式にいらして。ところで、あなたのその犬を1日か2日貸していただけませんでしょうか？」。すると喪主、「もちろん結構ですよ。あなたも列に並んでください」。

　なんてひどい話、と思いながらも笑ってしまうのは、ユーモアが「死」への恐怖を遠ざけ、目の前に迫っているものではないと思わせてくれるからですね。いつかやってくる「死」をできれば笑って迎えたいとさえ思っているのかもしれません。

**Man**: Doctor, I quit smoking, I quit drinking, and I stopped fooling around with women. I'm doing everything I can to live longer. What else can I do?

**Doctor**: OK, but why do you want to live longer with life like that?

男：先生、もう煙草も酒も女もやめました。長生きするためにできることは全部やってるんですが、あとはどうすればいいですかね？
医者：なるほど、でもそんな人生、なぜ長く生きたいんだね？

　死ぬまでは、楽しく生きよう！ということです。

# いつだって許される「泥棒ジョーク」⑱

　よく、「間抜け」と「泥棒」と「嘘つき」に関するジョークはいつどこで言っても許される、と言われます。なぜなら、この3つの **butts of jokes**（ジョークの的、対象）については、文句を言う人がいないからです。泥棒ジョークを誰に対して言ったとしても、「なんだと、俺をバカにするな！」と怒る人はいないということです。いたとしたら、自分は泥棒だと言っているようなものですからね。たとえば、自分で自分をけなす「自嘲ジョーク」なども安全で誰もが笑えるネタの一つです。

　ジョークを言うというのは、時としてリスクを伴います。相手がどのような人でどのような価値観を持っているのか分からないので、意図せずして相手を傷つけたり、批判したりしてしまうことがあるからです。相手が誰でも安心して使える「泥棒ジョーク」をいくつかご紹介しましょう。日本の小噺風に会話調でお届けします。

[A man was chasing a thief and the thief was really fast.]
**Thief:** Ha, ha, ha! You'll never catch me! I can run really fast!
**Man:** You think so? I can run fast, too!

## いつだって許される「泥棒ジョーク」

[The man speeded up and he was getting closer to the thief.]
**Thief:** Oh, you're pretty good. But not good enough!
**Man:** Oh, no? In fact, I can run faster than you. Look!
[The man ran faster, passed the thief and kept running.]
**Man:** Ha, ha! I beat you! I'm faster than you!
[The man looked back and the thief was gone.]

[男が泥棒を追いかけていました。この泥棒、すごく足が速いようです]
泥棒：わっはっは！ 絶対に捕まらないぞ！ 俺は足が速いのだ！
男：どうかな？ 俺も速いぞ！
[男はスピードを上げて泥棒に近づいていきます]
泥棒：おお、なかなかやるな。しかし、まだまだだな！
男：そうか？ お前より速く走れるんだぞ。見ろ！
[男はさらに速く走り、泥棒を追い越してさらに走っていきました]
男：ははは！ 勝ったぞ！ 俺はお前より速いのだ！

[男が振り返ると、泥棒はどこかへ消えていましたとさ]

　競争に夢中になってしまい、泥棒を捕まえることをすっかり忘れてしまった男の話です。考えてみたら、泥棒の策略だったのかもしれません。まんまと引っかかった男は、してやられたといったところですね。
　もう一つ、落語の中から「泥棒噺」を。

　A thief broke into a house. He really needed some money, but the house had nothing valuable. He was about to leave the house, and then the owner of the house came home.

　The owner said, "Oh, no! There is a thief in my house. Somebody, help!" Soon there was a crowd of people around the house, and the thief could not get out of the house. The owner proposed, "There is a thief in my house! Somebody catch him. I'll pay whoever catches the thief, ¥10,000."

　A man came out of the crowd and said, "I'll do it." But the thief swung his sword and shouted, "Don't come near me!" The man said, "Hey, that thief is crazy. I'm not going to go in there!" Then the owner said again, "Somebody, catch the thief! I'll pay ¥20,000." Then another man came out of the crowd and said, "I'll do it." But the thief swung his sword and shouted, "Don't come near me!" The man said, "Hey, that thief is crazy. I'm not going to go in there!"

　Then the owner said again, "Somebody please catch the thief in my house! I'll pay…, well, ¥30,000." Then the thief said, "Wait a minute. I'll come out if you give me the

## ¥30,000."

　ある家に泥棒が入りました。どうしてもお金が必要だったのですが、この家には金目のものが何もありません。仕方なく家を出ようとしたところ、家主が帰ってきてしまいました。

　「大変だ！ うちに泥棒がいる。誰か助けて！」。家主が叫ぶと、すぐに家の周りに人だかりができて、泥棒は家から出られなくなってしまいました。家主は「うちに泥棒がいる！ 誰か捕まえてくれ。捕まえてくれた人に1万円出そう」と提案しました。

　ある男が人込みから出てきて「俺がやろう」と言いました。でも泥棒が刀を振り回して「こっちに来るな！」と叫ぶので、男は「おい、あの泥棒頭おかしいぞ。あんなところへ行けるか！」と言いました。家主は再び、「誰か泥棒を捕まえてくれ！ 2万円出すぞ」。すると別の男が「俺がやろう」と人込みから出てきたのですが、また泥棒が刀を振り回して「こっちに来るな！」と叫ぶので、「おい、あの泥棒頭おかしいぞ。あんなところへ行けるか！」となってしまいました。

　家主はついに、「誰か頼むから、家にいる泥棒を捕まえてくれ！ もう、そうだな…3万円出そう」と言うと、泥棒が「ちょっと待て。その3万円もらえるなら、俺から出て行こう」。

　いわゆる「三段落ち」と呼ばれるパターンです。泥棒が職業になるのかどうか分かりませんが、からかわれやすい職業ってあるものです。たとえば弁護士はアメリカ（特にニューヨーク）などではあまりに人数が多いので、石を投げると弁護士に当たる、と言われるほどで、ジョークのネタになります。医者などもジョークのネタになりやすいですね。

# 専門職のジョーク ⑲

　からかわれやすい職業ってあるものです。たとえばアメリカでは、弁護士は理屈っぽいことをよくしゃべり、どこにでもすぐにしゃしゃり出てくる、などのイメージからジョークの的になりやすい職業の一つです。もっとも典型的な〈電球ジョーク〉のパターンで「弁護士ジョーク」を見てみましょう。

**Q**: How many lawyers does it take to change a light bulb?
**A-1**: Three; one to do it and two to sue him for malpractice.
**A-2**: You won't find a lawyer who can change a light bulb.
　Now, if you are looking for a lawyer to screw a light bulb....

質問: 電球を替えるのに何人の弁護士が必要でしょうか？
答え(1): 三人。一人が替えて、あとの二人が過誤で彼を訴えます。
答え(2): 電球を替える弁護士を見つけることはできません。さて、もし電球をねじ込む弁護士をお探しでしたら…。

　なんでも訴えるネタにしてしまう弁護士、どんな状況においても仕事にしようとする弁護士の様子が見られます。交通事故が起きると、救急車よりも早く現場に着くのが弁護士だと言われるほどで

す。弁護士のズル賢さを示すジョークを一つ。

A lawyer, a used car salesman and a banker were gathered by a coffin containing the body of an old friend. In his grief, one of the three said, "In my family, we have a custom of giving the dead some money, so they will have something to spend over there." They all agreed that this was appropriate. The banker dropped a $100 bill into the casket, and the car salesman did the same. The lawyer took out his wallet and wrote a check for $300.

弁護士と中古車のセールスマンと銀行員が、亡くなった古い友人の棺桶の前に集まった。深い悲しみの中、一人が「うちの家族には、誰かが亡くなるとお金を棺桶に入れる習慣があるんだ。向こうで必要になった時のためにね」と言った。全員が、それはいい考えだと賛同した。銀行員は100ドル札を棺桶に入れ、中古車のセールスマンも同じように入れた。弁護士は財布を取り出すと、300ドルの小切手を書いて入れた。

　医者もジョークのネタになりやすいです。「やぶ医者ジョーク」というのも比較的多くあります。

**Father**: Doctor, doctor! My son fell off the roof! He can't move his leg!
**Doctor**: Let me see... Oh no, it's broken.
**Father**: I know! Can you fix it?
**Doctor**: No, no. It's too late. It's already broken.
**Father**: What do you mean, it's too late? He just fell off. I brought him here right away.

**Doctor:** But it's completely broken! It's too late!
**Father:** Well, when was it not too late then?
**Doctor:** Ah..., before he fell off....

父親：先生、先生！ 息子が屋根から落ちました！ 脚が動かないんです！

医者：どれどれ…、いかん、これは折れておる。

父親：分かってます！ 治せますか？

医者：いやいや。これはもう手遅れじゃ。もう折れちゃってるからな。

父親：手遅れってどういうことですか？ さっき落ちたとこです。すぐにここへ連れてきたんですよ。

医者：でも、完全に折れちゃってるから。遅すぎるの！

父親：え、じゃあ、いつなら遅すぎなかったんですか？

医者：えーと…落ちる前…。

専門職のジョーク

　弁護士にしても医者にしても、ジョークの的になりやすいのは、高額を請求し、比較的裕福な生活をしているからです。

**A woman went to a dentist. The dentist looked at her tooth and said, "OK, this one is really bad. I have to pull it out. It won't hurt much. It only takes few seconds." Woman: OK, how much does it cost? Doctor: $ 70. Woman: $70 for only few seconds?! Doctor: Well, I can pull it out very slowly....**

ある女性が歯医者へ行きました。歯医者は彼女の歯を見ると、「これはひどい。この歯は抜かなければなりません。それほど痛くはないですよ。数秒で済みます」と言いました。女性「分かりました、それでいくらかかるんですか？」。歯医者「70ドルです」。女性「ほんの数秒の治療で70ドルも！？」。歯医者「ゆーっくり抜くこともできますが…」。

　当然、政治家という職業はもっともジョークの対象となります。日本を含め、どこの国でも伝統的に権力者をけなすジョークというのは庶民の間で飛び交うものです。そうして日常の鬱憤を晴らすのですね。私も大好きだった米国の俳優ロビン・ウィリアムズも、**political jokes** をたくさん発信していました。亡くなられた、偉大なるコメディアンに敬意を表し、彼の名言をご紹介します。

**Politicians are a lot like diapers. They should be changed frequently─and for the same reason.**

政治家ってのはオムツのようなもの。しょっちゅう取り替えられるべきなんだ──しかも同じ理由で。

# 子供は無意識に大人を笑わせる天才 ⑳

　先日シンガポールで英語落語の公演をしてきました。小学生を対象にした公演で、落語の説明をしていた時のことです。上下を振って、"Oh, hi! Hello!" と言い、登場人物の一人が、もう一人に向かって話しかけている場面を伝えようとしました。しかし、"Oh, hi! Hello!" と手を振りながら言うと、全員がザッと後ろを振り返ったのでした。誰か来たのかな？　と思ったらしいのです。「きゃー、みんなこっち見て〜」と呼び戻しましたが…。子供は素直で面白いですね。無意識のうちに大人の常識の枠を破って、笑わせてくれるものです。

　以前、アメリカの小学校でも、権助魚という噺をしていた時のこと。おかみさんが、"Gonsuke! Gonsuke! What are you doing? Are you taking a nap?" と怒る場面で、客席にいたある男の子がすっくと立ち上がり、"I'm not Gonsuke! And I was not sleeping!" と言ったことがありました。私の噺よりもみんなに大ウケでした。

　純粋で正直なだけに、時として子供はとても残酷です。

Three boys were in front of a lion in a zoo. The manager of

子供は無意識に大人を笑わせる天才

the zoo asked their names and what they were up to. One said, "My name is John, and I'm trying to feed the lion a peanut." Another one said, "My name is Sam, and I'm trying to feed the lion a peanut." And the third boy said, "My name is Peanut."

三人の男の子が動物園のライオンの前にいました。動物園の管理人が三人に、彼らの名前と何をしているのかを聞きました。一人は、「僕の名前はジョン。ライオンにピーナツを食べさせようとしているの」と答えました。もう一人は、「僕の名前はサム。ライオンにピーナツを食べさせようとしているの」と答えました。三人目も答えました。「僕の名前はピーナツ」。

　子供のジョークといえば、英語圏では **little Johnny** が登場するのが定番です。無邪気にいろいろなことを言ってくれるジョニーく

んの素朴さと残酷さが魅力です。

Little Johnny asked his mother, "Mam, how old are you?" His mother said, "Well, gentlemen do not ask such a question." Then he asked, "How much do you weight?" "Well, gentlemen don't ask such a question." And he asked, "Why did my daddy leave you?" "Well, gentlemen don't ask such a question!" The next day, little Johnny found his mother's driver's license on the table and told his mother. "Mam, all the answers are here! You're 36 years old, 127 pounds, and my daddy left you because you got an 'F' on your sex!"

ジョニーくんがお母さんに聞きました。「お母さんは何歳なの？」。お母さんが答えました。「あのね、紳士はそういうこと聞かないものよ」。するとジョニーくん、「体重はどのくらい？」。「あのね、紳士はそういうこと聞かないものよ」。今度はジョニーくん、「どうしてお父さんは出ていったの？」。「あのね。紳士はそういうこと聞かないの！」。次の日、ジョニーくんはテーブルの上にお母さんの運転免許証を見つけると言いました。「お母さん、ここに答えが全部書いてあるよ！ お母さんは36歳で、127ポンド[約58キロ]で、お父さんが出ていったのは、お母さんの性別が"F"だからなんだね！」。

　ジョニーくんの言っているFは、failのことで、「不合格」の意味です。米国では、学校の成績はA、B、C、もしくはFで表わされます。もちろん、運転免許証の性別のFは、female（女性）のFです。最後に有名なジョークを一つ。

One morning, a mother came into her son's room and said,

子供は無意識に大人を笑わせる天才

"Come on, get up! You're going to be late for school." "Mom, I don't want to go to school." "Why not?" "Because all the kids hate me. Even teachers hate me." "That's no excuse, honey. You're 50 years old and the principal of the school."

ある朝、母親が息子の部屋へ来て言いました。「ほら、起きなさい！ 学校に遅刻するわよ」。「お母さん、学校に行きたくないよ」。「なぜなの？」。「だって子供たちはみんな僕のこと嫌いだし。先生たちだって僕のこと嫌いなんだ」。「それは言い訳にはならないわ。あなたは50歳なんだし、校長なんだから」。

　親にとっては、子供はいつまでも子供ってことですね。子供は柔軟性があり、大人よりもユーモア力も高いのです。それが、様々な常識を身に付けるうちにだんだん頭が固まっていきます。常識を知ることも社会生活を営む上でとても大事ですが、必要に応じて常識の枠をはみ出す考え方もあるとクリエイティブになれます。

At elementary school, kids who have a sense of music are sent to the music room, kids who have a sense of art are sent to the art room, kids who have a sense of sports are sent to the field, and kids who have a sense of humor are sent to the principal's office.

小学校では音楽の才能がある子は音楽室へ、美術の才能がある子は美術室へ、スポーツの才能がある子は校庭へ、そしてユーモアの才能がある子は校長室へ送られる。

　ユーモアも才能の一つ、と考えたいものです。

# 世界の英語と方言 ㉑

　英語は世界の国際言語と言われています。ということは、世界中の non-native English speaker 同士が英語でコミュニケーションをとっているということです。日本語に多くの方言があるように、世界各地で使われている英語にも様々な種類や方言があります。各国の言語や文化を反映した表現豊かな英語はとても楽しいもので、多くの場合、ジョークのネタにもなっています。発音に特徴のあるアラブ圏の人々の英語については、こんなジョークがあります。

Mujibar was trying to get into the United States legally through Immigration. The Immigration Officer said, "Mujibar, you have passed all the tests, except one. Make a sentence using the words, yellow, pink and green." Mujibar thought for a few minutes and said, "The telephone goes green, green, green, and I pink it up, and say, 'Yellow, this is Mujibar.'"

アメリカ合衆国の移民局でムヒバが入国審査を受けていました。移民局の審査官が、「ではムヒバさん、これまでの試験はすべて合格しましたのであと1つだけです。yellow、pink、green の3つの単語を使って文

章を作ってください」と言いました。ムヒバは少し考えると、こう答えました。「電話が green, green, green [ring, ring, ring] と鳴るので、僕は電話を pink it up [pick it up] して、『Yellow [Hello]、ムヒバです』と言います」。

　アジアの英語圏といえばシンガポールですが、シンガポールの英語でとても特徴的なのは、語尾に lah（ラ〜）を付けるという点です。日本語でいうところの「でしょ」とか、「ね」に近い表現で、英語で話していても柔らかい印象を与えます。

An American tourist in Singapore told his local friend, "Wow! Everyone in Singapore is so clever, even waitresses! I asked one of them what she had done before waiting table, and she said, 'study law' [study lah]!"
アメリカ人観光客が現地の友達に言いました。「わお！ シンガポールの人ってみんな賢いんだね。ウェイトレスさえも！ ウェイトレスの子にこの仕事につく前は何をやっていたの、と聞いたら、『法律を勉強していたのよ』だって！」。

　語尾の lah が law（法律）に聞こえた、というオチです。世界中の中国系移民に当てはまるジョークを一つ。名前をネタにしたジョークは数多くありますが、英語圏ではこんなことも本当にあり得るかも。

**Lee Sum Wan**：Hello, can I speak to Annie Wan?
**Saw Lee**：Yes, you can speak to me.
**Lee Sum Wan**：No, I want to speak to Annie Wan!

**Saw Lee**: You are talking to someone! Who is this?
**Lee Sum Wan**: I'm Sum Wan. And I need to talk to Annie Wan! It's urgent.
**Saw Lee**: I know you are someone and you want to talk to anyone! So talk to me.
**Lee Sum Wan**: You are so rude! Who are you?
**Saw Lee**: I'm Saw Lee.

リー・サム・ワン：もしもし、アニー・ワンと話せますか？
ソウ・リー：はい、私でよければ。
リー・サム・ワン：いやいや、アニー・ワンと話したいんです！
ソウ・リー：ですから、話してるじゃないですか！ どちらさまですか？
リー・サム・ワン：私はサム・ワンです。アニー・ワンと話したいんですが！ 急ぎなんです。
ソウ・リー：だからあなたは誰かさん [someone] で、誰か [anyone] と話したいのでしょう！ 私に話してください。
リー・サム・ワン：なんて失礼な人だ！ あなたはどなたですか？
ソウ・リー：私はソウ・リーです。

　お分かりだと思いますが、最後の行は相手には、**"I'm sorry."**（ごめんなさい）と聞こえています。
　さて次は、ハワイに多い、日本人ジョーク。子音の発音が苦手な日本人と、ちょっとのんびりしているポルトガル人のコンビネーションです。何を何と聞き違えたのでしょう？

A rich Japanese man with a huge house and fancy cars in Hawaii hired a Portuguese man to paint his porch in the front. He asked, "So how much do you charge to paint my porch?" The Portuguese man said, "I'll do it for $50." And after only an hour, he came back and said, "I'm done." "Wow. That was fast! And you only charge me $50?" "Yeah, no problem. By the way, it wasn't a Porsche, it was a Ferrari."

ハワイで大きな家に住み、素晴らしい車を何台も所有している裕福な日本人が、玄関のポーチのペンキ塗りをあるポルトガル人に頼みました。「で、いくらでポーチを塗ってもらえる？」。「50ドルでやりますよ」。わずか1時間後、ポルトガル人が戻ってきて、「終わったよ」と言った。「おお、早いな！ それでたったの50ドルでいいのかい？」。「ああ、いいよ。ところで、あれはポルシェじゃないよ、フェラーリだよ」。

# 最もポピュラーなテーマ ㉒

　様々なタイプのジョークが存在するとはいえ、**stupidity**（愚かさや愚行）に関するジョークほど多いものはありません。ユーモア理論にはいくつか主流のものがありますが、その一つが **superiority theory** と呼ばれるものです。ジョークの中に登場する、あり得ないほどバカバカしい人物や事柄を笑うことによって「優越感」を感じるために、人は **stupidity** に関するジョークを創造し、笑うものである、という理論です。残念ながら、自分より劣るものが世の中に存在すると思えることは、人々の気分を良くするのです。この理論は日本の小噺にも当てはまります（69頁でご紹介した小噺のロングバージョンです）。

A man was asleep at night, and he was dreaming. In his dream…, "Ohhh, it's really cold today. Mmm… what is that? There is an oval gold coin in the small puddle! Wow, I'm so lucky! …Ouch! …The water is frozen…I can't pick it up. What am I going to do? Ah-ha! I know! I can pee on it and melt the ice on the surface. Then I can pick it up!" So the man peed on the puddle and got the gold coin. Then he woke up. The gold

coin was a dream, but the pee was real.
ある男が夢を見ながら寝ておりました。夢の中で男は、「ううう―っ、今日は寒いなあ。おや。あれは何だ？ 小さな水たまりに小判が落ちているじゃないか！ こりゃ運がいい！ …いてて！ …水が凍っているよ…これじゃ拾えないな。どうすりゃいいんだ？ そうか！ 分かったぞ！ おしっこをかけて、表面の氷を溶かせばいいんだな。そうすりゃ拾えるよ！」。そこでこの男、凍った水たまりにおしっこをかけ、小判を手にしました。と、ここで目が覚めました。小判は夢で、おしっこだけがホントでしたとさ。

　誰が聞いても、自分にドジなところがあったとしても、「ここまで間抜けじゃない！」と思えるので笑える、ということです。英語圏ではよくある、無人島ジョークを一つご紹介しましょう。

[Three men drifted on a boat in a heavy storm, and arrived at a desert island. About a year later, they found a magic lamp on the beach. One of them picked it up and rubbed it. Then a big genie came out, and said,]
**Genie**: I can make three wishes come true. Why don't you each make one wish?
**First guy**: I'm sick of this place. I want to go home!
[The genie snapped his fingers and the guy disappeared.]
**Second guy**: I want to go home, too!
[Then the genie snapped his fingers again and sent him home.]
**Genie**: You are the last. What do you want?
[The third guy thought for a while, and said,]
**Third guy**: In fact, now that my friends are gone and I'm

all alone here. I want my friends to come back!
[As the genie snapped his fingers again, the two friends came back to the island and the genie disappeared.]

[ひどい嵐の中、3人の男が船で漂流し、ある無人島に流れ着きました。そこで1年ほど経つと、浜辺で魔法のランプを見つけました。1人がそれを拾ってこすってみると、大きな魔人が現れて言いました]

魔人：願い事を3つ叶えてあげよう。ひとり1つずつ願い事をしてみてはどうかね？

1人目の男：もうこんなところはうんざりだ。俺は家に帰りたい！

[魔人が指をパチンと鳴らすと、1人目はパッと消えました]

2人目の男：俺も家に帰りたい！

[魔人はまた指をパチンと鳴らして、2人目を家に帰しました]

魔人：お前が最後だ。お前はどうしたい？

[3人目の男はしばらく考えてから言いました]

3人目の男：そうだな、友達がいなくなって俺はここにたったひとりだ。あいつらにここに戻ってきてほしい！
[魔人が再び指をパチンと鳴らすと2人の友人は島に戻り、魔人は消えましたとさ]

　3人の登場人物がいて、2人目までがまともで3人目がとんでもなく間抜け、という「三段落ち」のパターンですね。日本の笑い話でもよくあるパターンです。まさかの3人目の間抜けさに、ジョークの聞き手は優越感を覚えるというわけです。このような間抜けジョークは、かなり普遍的で、ユニバーサルであると言えます。それでは最後に、短いジョークを一つ。

**Patient**: Doctor, it's strange. Every time I drink coffee, my right eye hurts.
**Doctor**: Let's see how you drink coffee. Here you go. Oh, oh, I see. You should take the spoon out of the cup when you drink it.

患者：先生、おかしいんです。コーヒーを飲むたびに右目が痛くなるんです。
医者：どれどれ、どうやってコーヒーを飲んでいるのか見せてもらおう。さあ、飲んでごらんなさい。…ああ、なるほど。分かりました。コーヒーを飲むときはスプーンをカップから出すといいですよ。

# ケチは
# やっぱりウケる ㉓

　お勘定をごまかす、モノやお金を出し渋る、ケチ自慢をする…、世界にはケチ話がたくさんあります。個人所有の概念があまりなく、何でも皆で共有するという、とても大らかな文化圏もありますが、多くの先進国では落語の「時そば」に代表されるように、1円でもうまい具合にちょろまかす話はウケるものです。ケチ比べのような話はどこにでもありますが、日本の小噺ではこんなものがよく知られています。

**Man**: Hey, can I borrow your hammer?
**Neighbor**: No, you can't. I'm afraid it will chip.
**Man**: What? You are so mean. A hammer never chips. It's made of steel. Well... fine, I'll just use mine.

男：おい、カナヅチ貸してくれるかい？
隣人：いやだよ。欠けちゃうじゃないか。
男：なんだって？ ケチなやつだな。カナヅチなんか絶対に欠けないよ。鉄でできてるんだから。まったく…、まあいいや、じゃあ自分のを使おう。

この小噺、カナヅチじゃなくても、何でも成り立つような気がしますが、貸しても決して損をしないようなものでさえ貸し渋るというところが、ケチの極みなのでしょう。究極の節約といえば、こんな小噺もあります。

[A man went to see his doctor because he wasn't feeling well.]
**Doctor**: OK, I need to test your urine. Bring a sample tomorrow morning. I will check it to see if there is anything wrong with you.
[So the man went home and the next day, he came in carrying a huge bottle of urine.]
**Doctor**: Wow. That's a lot of urine. You didn't need to bring this much. Well... it's OK, I'll run some tests. Come back

and see me in a few days. I will let you know the result.
[A few days later.]
**Doctor**: There is nothing to worry about. You are healthy.
[So the man went back home and told his family.]
**Man**: Hey! Listen, honey! Father! Mother! Children! We are all healthy!

[ある男が、気分がすぐれないので医者へ行きました]

医者：分かりました、尿検査をしましょう。明日の朝、尿を持ってきてください。どこが悪いのか検査をしましょう。

[男は家へ帰り、翌日、大瓶いっぱいの尿を持ってきました]

医者：おお。ずいぶんたくさんの尿ですね。こんなには要らないのですが。まあ…いいでしょう。検査をしておきます。数日後また来てください。結果をお知らせします。

[数日後]

医者：何も心配することはありません。あなたは健康です。

[すると男は家へ帰り、家族に伝えました]

男：おーい、お前！ 父さん！ 母さん！ 子供たち！ 俺たちみんな健康だってさ！

　ひどいケチです。もう、飼い犬の尿まで入れかねません。ジョークの世界では、ケチで有名なのはなんといってもユダヤ人、中国人、オランダ人です。1台の車に100人の中国人を乗せるには、10円玉を車に投げ込めばいい、というジョークもありますし、「割り勘でいこう」を英語で、"Let's go Dutch." と言うくらいですから…。でも、ケチと商売上手は紙一重で、ユダヤ人にいたってはどちらかというと行き過ぎたビジネスパーソンという感じです。

ケチはやっぱりウケる

A Jewish shop owner was dying in bed. His son said, "Dad, I'm right here." His daughter said, "Dad, I'm right here for you." His wife said, "Honey, we are all here for you." Then he got out of the bed and shouted, "What!? Then who is watching my store!?"

死の床についたユダヤ人の店主に、息子が「お父さん、僕はここだよ」と言い、娘も「パパ、私はここにいるわよ」と言いました。妻も「あなた、みんなあなたのためにここにいますからね」と言いました。すると店主、ガバッと起き上がって、「なんだって！？ じゃあ誰がいま店番をしているんだ！？」。

　日本人もお金にうるさいとよく言われます。車を買うときに、イタリア人はデザインを重視し、ドイツ人はエンジンを重視し、日本人は値段を重視する、と言われます。落語でもケチ噺はかなり多いと思います。

There was a man who always ate plain rice with the smell of grilled eels in front of a grilled eels restaurant. The shop owner finally said, "You can't do that. You have to pay for the smell." Then the man took out some change in his hand and shook it. And said, "Fine. I only smelled your eels, so you can only hear my money."

うなぎ屋の前でいつもうなぎの匂いを嗅ぎながら白い飯を食べている男がおりました。店主がついに怒って、「いい加減にしろ。うなぎの匂い代を払ってもらうぞ」と言うと、男は手に小銭を乗せ、それを振りました。「いいとも。俺はうなぎの匂いを嗅いだだけだから、あんたもお金の音を聞くだけでいいだろう」。

# 笑う門には福来る ㉔

　笑いは福を呼び込むと言われますが、本当にその通りです。笑いと言っても苦笑い、ふくみ笑い、あざけり笑いといろいろありますが、やはり大きな口を開けて上を向いて笑う、誰かと一緒に笑う、というのがいちばん幸福を呼ぶようです。人は、上を向いていると笑いやすくなるのだそうです。上を向くとなぜかうれしい気持ちになりますし、能力も上がると言われています。
　まずは、羊が登場する有名なジョークをご紹介しましょう。

A man walking in the countryside comes across a shepherd and a huge flock of sheep. He tells the shepherd, "I will bet you $100 against one of your sheep that I can tell you the exact number in this flock." The shepherd thinks it's impossible so he takes the bet. The man looks around and answers, "869." The shepherd is astonished, because that is exactly right. The shepherd says, "Okay, I'm a man of my word, take an animal." The man picks one up and begins to walk away. "Wait," cries the shepherd, "Give me a chance to get even. If I can guess your exact occupation, let me have

笑う門には福来る

that back." The man agrees. "You are an accountant for the government," says the shepherd. "Amazing! But tell me, how did you know that?" the man says. The shepherd replies, "Well, put down my dog first and then I will tell you."

田舎道を歩いていた男が、羊飼いと羊の大きな群れに出会いました。男は羊飼いに、「この群れの羊の数を正確に当てられるかどうかに、100ドル賭けるってのはどうだい。もし当てたら1匹もらうよ」。数を当てるなんてとても不可能だと思ったため、羊飼いはその賭けにのることにしました。男はぐるりと見回して、「869匹」と答えました。その数が見事に当たっていたので羊飼いは仰天し、「分かったよ、俺も男だ。1匹持って行け」と言いました。そこで男は1匹抱き上げると立ち去ろうとしました。すると、「ちょっと待て」と羊飼いが止めました。「もう一度チャンスをくれ。君の職業を正確に当てられたら、そいつを返してくれないか」。男は同意しました。「きみは政府の主計官だろう」と羊飼

いが言うと、「すごいな！ でもなんで分かったんだ？」と男は言いました。すると羊飼いは答えました。「まあね。まずは俺の犬を下ろしてくれ。そしたら教えるよ」。

　政府の主計官だから数字にはめっぽう強い、けれども世間の常識にはめっきり弱く、羊と犬の区別さえつかない、ということです。羊を1匹もらう約束のはずが、羊飼いの犬を連れて帰ろうとした瞬間に、彼の職業が分かってしまったのです。
　笑いが福をもたらすのと同様、ウィットの利いたユーモアのセンスも福をもたらしてくれることがあります。どんなに絶望的な状況でも、ユーモアひとつでプラスの方向に切り替えることができるということです。

A small shopkeeper had his business for a long time at his own location. And one day, a brand new shop opened up next door and had a huge sign which read "BEST DEALS!" He was horrified and then another competitor opened up on the other side of his shop. It announced its arrival with an even larger sign, reading "LOWEST PRICES!" The shopkeeper panicked. Then he looked up in the sky until he got an idea. He put the biggest sign of all over his own shop. It read "MAIN ENTRANCE."

あるところに小さな店を長いこと経営している男がいました。するとある日、隣に新しい店ができ、「掘り出し価格！」という大きな看板が掲げられました。店の男がおののいていると、さらに別の新しい店が反対側に建ち、「最安値！」というさらに大きな看板を出して開店を告げました。店の男はパニックにおちいりましたが、しばらく空を見上げて考

えていると、いいことを思いつきました。どちらの店よりも大きな看板を作り、自分の店に掲げたのです。看板の文句は「こちらが入口」。

　人生にはいろいろなことが起こります。必ずしも楽しいことばかりが起こるわけではありません。つらい状況を少しでも良いほうに方向転換する、受け止め方を変える、などの工夫をするのは自分次第です。いやなことが起きたら、上を向いてみる。誰かと口論になりそうになったら、取りあえず上を向いて深呼吸をしてみる。それだけでも大きな効果があるそうです。なるべく上を向いて、笑って機嫌よく過ごしたいですね。

# 世界最強、おばちゃんジョーク㉕

　遠慮なく言わせてもらえれば、やはりおばちゃんは世界中で笑えるネタを提供しているように思います。昔からそう思っていましたが、自分自身が若かったころは誰かの悪口を言っているようで、おばちゃんネタには手が出せませんでした。でも、今では堂々とネタにできます。そうやって年をとっていくと図太くおばちゃんらしくなっていくんですね。ユーモアの幅も広がり、ありがたいことです。

**A middle aged woman looks in the mirror and says, "My goodness. I look old. And fat and ugly." And she tells her husband, "Pay me a compliment, dear. Will you?" The husband says, "Ah, ah, oh, your eyesight is really good!"**
中年女性が自分を鏡で見ながら、「まあひどい。私ったら老けてるわ。それに太ってるし、不細工」と言いました。そして夫に向かって、「ねえ、何かほめ言葉を言ってちょうだい。お願いよ」と言うと、ご主人、「え～と、え～と、そうだな、君は本当に目がいいね！」。

　英語だと、本当に意地悪なコメントに聞こえそうですが、日本の

おばちゃんなら、「やっだー、ひどいわね！」とか言いながらゲラゲラ笑って、旦那の肩が壊れるくらいバンバン叩いていることでしょう。

　女性と男性では、笑う量が違うというデータがあります。アメリカでの調査ですが、平均すると女性の方が男性より30％多く笑うそうです。日本でも同様の結果になりそうです。この場合は、笑う時間で笑いの量を測っているのですが、実際には笑い声の大きさも関係しそうです。女性の方が笑い声が大きいような気がします。

　笑いには共感や協調性を強調する役割があると言われています。だからこそ、一緒に笑う、という社会的活動が重視されるのかもしれません。

A middle aged woman went to a museum. "Oh, this is a famous painting. I know the artist, but I can't remember his name...!" The clerk said, "Ma'am, this is Van Gogh." The woman said, "Oh, of course. I knew that!" And she came in front of another painting. "Oh, I know this one. It's so famous! What was his name...?" The clerk said, "Ma'am, this is Monet." The woman said, "I knew it. I was about to say that!" Then she came in front of another painting. "OK, I know this one. This is Picasso, isn't it!?" The clerk said, "No, Ma'am, this is a mirror."

ある中年女性が美術館に行きました。「あら、これ有名な絵よねえ。誰だったっけ。知ってるんだけど名前が出てこないわ…！」。すると美術館の係員が「奥様、こちらはヴァン・ゴッホでございます」。女性は、「あら、そうよね。知ってたわ！」。そして次の絵の前で、「ああ、これは知ってるわ。すごく有名だもの！　画家の名前なんだった

かしら…？」。また係員が「奥様、こちらはモネでございます」。女性は、「知ってたわよ。今ちょうどそれ言おうと思ってたのよ！」。そして今度は次の絵の前で、「ほら、これは知ってるわ。これはピカソでしょ！？」。すると係員、「いいえ奥様、こちらは鏡でございます」。

とにかく、人の名前が出てこないのです。ほらほらあの人、あれなんていう名前だっけ？…こんな会話が繰り返されるおばちゃんたちのおしゃべり。名前は出てこないけど、意外に会話は成り立っているものです。最後に、最近リアルに多いこんな夫を持つ女性たちのジョークを一つ。

"I bought a new dish washer. It cleans 30 dishes at once and they are all very clean." "Well, I have had the same old dish washer for the last 25 years. But it cleans more than 30 dishes at once and they are all clean and it even put the dishes away in the cupboards." "What? Really? Can I see it?" "You have met him already. My husband."

「新しい食洗機買ったのよ。一度に30枚ものお皿を洗ってくれるし、とってもキレイに仕上がるの」。「あらそう、私なんかもう25年間も同じ古い食洗機使ってるわ。でも30枚以上のお皿を一度に洗えるし、とてもキレイに仕上がるし、食器棚にしまうところまでやってくれるのよ」。「なんですって？ 本当に？ どんなのか見せてくれる？」。「あら、あなた会ったことあるわよ。うちのダンナ」。

　幸せですね〜。**Laugh & Peace!**

# 卒業＆就職 ㉖

　3月は卒業のシーズンです。新しい年度に向けて気持ちも新たに、春めいた気分になります。と同時に、就職への準備の時期でもあります。どこの世界でも、就職するまではなかなか大変です。

Lazy Jon majored in business and barely made it to graduating from his university. His professor had to work as hard as Jon himself. One day, Jon came to his professor's office right before the graduation and said, "Professor, I have one more favor to ask. I'm going to a job interview. Will you write a recommendation letter for me?" The professor wrote, "Dear Sir, he was a very hard working student. He always spent the double amount of time needed to get his work done. If you have him, he can get his colleagues to work really hard, too. You are very lucky if you could have him work for you."

ビジネス専攻の怠け者のジョンは、ぎりぎりで大学を卒業するというところまできました。彼の担当教授はジョン本人と同じくらいの努力を払ってきました。ある日、卒業直前にジョンが教授のオフィスにやって来ました。「先生、もう一つお願いがあります。就職の面接に行く

ので、推薦状を書いてもらえませんか？」。そこで教授はこう書きました。「担当者様へ。彼は非常に努力家の学生でした。常に他の学生の2倍の時間をかけて物事をやり遂げてきました。彼がいれば、同僚たちも大変によく働くことになるでしょう。もし彼があなたのために働くことができたなら、あなたはとても幸運です」。

　先生も大変ですね。特に推薦状の最後の文はダブルミーニングになっており、ジョンがあまりにも怠け者なので、もし彼がちゃんと働くようなことがあるとすれば、それはかなりラッキーなことです、という意味があります。通常の推薦状であれば、この学生はとても優秀なので、もし彼と一緒に働けるのであれば、それはあなたや会社にとって幸運なことです、という意味なのですが…。学生を就職させるための苦肉の策、といったところです。さて卒業も就職も決まると、今度は卒業旅行です。

Three graduates of business, marketing and physical education went on a graduation camping trip. One day a grizzly bear attacked their camp. The marketing and business graduates tried to come up with ideas to communicate with the bear or create a strategy to deal with it. But the physical education graduate was trying to tie her shoelaces on her running shoes. They both told her she cannot outrun a bear. She told them, "I don't need to outrun the bear. I only need to outrun one of you!"

大学でビジネス、マーケティング、体育学科をそれぞれ専攻した3人が、卒業旅行でキャンプに出かけました。ある日、そこへグリズリー（ハイイログマ）が現れました。ビジネス専攻とマーケティング専攻の卒業生は、いかにして熊とコミュニケーションをとるか、あるいは対応

の戦略を練るかということについて必死で考えていました。ところが体育学科専攻の卒業生はその横でランニングシューズのひもを結ぼうとしていました。2人は彼女に、走っても熊から逃げ切れるわけがない、と言いました。すると彼女は、「熊より早く走る必要はないわ。あなたたちのどちらかより早く走れればいいだけよ！」。

　彼らはうまく逃げ切れたでしょうか。ようやく卒業して楽しい卒業旅行も終え、うまく就職できたとしても、依然として彼らに平和は訪れません。日本でも外国でも「新卒」に対してよく否定的なことが言われますが、大卒は頭でっかちで即戦力がない、自分から動かない、といったことに関するジョークも数多くあります。

A young man was hired by a supermarket and came in to work for his first day. The manager greeted him with a warm handshake and a smile. Then he gave him a broom and said, "Your first job will be to sweep out the store." The young man replied, "But I'm a college graduate." The manager said, "Oh! I'm sorry. I didn't know that." Then he said to the young man, "Here, give me the broom. I'll show you how."

ある若者がスーパーに就職し、仕事の初日を迎えました。店長が温かい握手と笑顔で迎え、彼にほうきを渡してこう言いました。「キミの最初の仕事は、店を掃除することだよ」。若者は、「でも僕は大卒なんですけど」と言いました。店長は、「ああそうか！ それは悪かったね。知らなかったよ」と言いました。そして、若者にこう言いました。「じゃあ、ほうきを僕に貸してごらん。どう使うか教えてあげるから」。

　つい先日、ユニクロのグローバル人事についてお話を伺う機会がありましたが、その際に、「ユニクロでは世界中どんな社員でも、まず最初の仕事は店舗のトイレ掃除です」とおっしゃっていました。FedEx でも、最初の仕事は段ボール運びだそうです。通常は誰もが嫌がる仕事を笑ってできるような柔軟な人間が、将来壁にぶつかってもうまく対応できる、というある種のテストなのでしょうね。

# 花見と酔っぱらい ㉗

　春のイベントとして欠かせない、お花見。春めいたキレイ色のお弁当を広げ、気の合う仲間たちで桜を愛でながらちょっとほろ酔い気分。楽しいですね。公園や川沿いなど、桜があるところなら堂々と昼間から野外でお酒が飲めるという、特別な季節です。公共の場でこれだけ大勢の大人がワイワイとお酒を楽しむという光景は、世界的にも珍しいと思います。

A family went to a cherry blossom viewing picnic. The son asked his father, "Dad, what's it like to be drunk?" The father said, "Well, you see, there are two bottles of beer right there, right? When they look like four of them, then I'm drunk." The son said, "I see. But dad, there's only one bottle."

ある家族が花見に出かけました。男の子がお父さんに聞きました。「お父さん、酔っぱらうってどういう感じ？」。父親が答えました。「そうだなあ、そこにビールが2本あるだろう？　それが4本に見えだしたら、酔っぱらってるってことだ」。すると息子が言いました。「へえー。でも、お父さん、ビールは1本しかないよ」。

花見と酔っぱらい

> Well, you see, there are two bottles of beer right there, right?

　もうすでにいい感じに酔っぱらっているのですね。なにしろ、酔っぱらいはジョークのネタになりやすいのです。一般に、あまり大っぴらに話すべきではない、あるいは感心できない物事がジョークのネタになると言われています。政治への不平不満、宗教、男女関係、死に関すること、間抜けな人、ケチな人、意地悪な人…大きな声では話しにくい、タブーに近いテーマは、ジョークにくるめて表現する、ということのようです。

A man was drinking at a bar. Then some guy ran into the bar and said, "Hey, Steve! Your house is on fire!" The man started running home and thought, "Wait. I don't have a house." So he came back to the bar and started drinking again. Another guy came into the bar and said, "Hey, Steve! Your father got into a car accident!" The man ran out of the bar and thought,

"Wait. My father is dead already." So he came back to the bar and continued drinking. Then another man came and said, "Hey, Steve! Your mother is..." The man got up and said, "I just remembered. I'm not Steve!"

ある男がバーで飲んでいました。そこへ別の男が駆け込んできて、「おい、スティーブ！ 家が火事だぞ！」と言いました。男は家に向かって走り出しましたが、「待てよ。俺、家持ってなかったぞ」と思い出し、バーへ戻ってまた飲み始めました。するとまた別の男が駆け込んできて、「おいスティーブ！ お前のお父さんが交通事故に遭ったぞ！」と言いました。男はバーを飛び出しましたが、ふと、「待てよ。親父はもう亡くなってるはずだぞ」と思い出し、バーに戻って飲み続けました。するとまた別の男がやってきて、「おいスティーブ！ お前のお母さんが…」と言い出しました。男は立ち上がり、「いま思い出した。俺はスティーブじゃない！」。

　酔っぱらうと「我を忘れる」ということはよくあるようです。日本の落語にも、似たような噺があります。酒好きの男が引越しをした日のこと。「お前、おとっつあんはどうしたんだ？」。「しまった！ 親父を前の家に忘れてきちまった！」。「おとっつあんを忘れるとは何事だ」。「なあに、親父を忘れるなんて大したことじゃない。酒飲んだら、自分さえも忘れる」。

　程よく飲めば楽しいお酒も、飲み過ぎては体に毒…のはずですが、こんなジョークもあります。

A mother was trying to teach her son the evils of alcohol. She got two glasses, filling one with water and the other with whiskey. Then she put a worm in the water, and it swam around. She put a worm in the whiskey, and it curled up and died immediately. The mother said, "So, what do you have to say about this?" The boy said, "It shows that if I drink alcohol, I won't have worms."

母親がアルコールの怖さを息子に教えようと、2つのグラスに水とウイスキーを用意しました。水のグラスにミミズを入れると、ミミズは水の中を泳ぎ始めました。ミミズをウイスキーのグラスに入れると、ミミズはすぐに丸くなって死んでしまいました。母親が、「さあ、これからどういうことが分かる？」と聞くと、息子は、「アルコールを飲めば、体の中に虫がわかないってことが分かったよ」。

　wormは、「ミミズ、うじ虫、いも虫」などを普通は指しますが、複数形で体内の「寄生虫」を指す場合もあります。
　この子ども、将来は呑兵衛になりそうですね。

# 旅はいつだって
# 笑いのネタ ㉘

　外国旅行にまつわるジョークには、日本人に関するものも多いようです。旅に出るということは、当然、別の文化圏に入っていくわけですから、さまざまな違いを発見することにもなります。

A Japanese man hired a taxi from his hotel to the airport. On its way, a car passed the taxi and the man leaned out of the window and said, "Oh, look! Japanese Honda! It's very fast!" The driver nodded. And then another car passed the taxi and the man said, "Oh, Japanese Toyota! Great car and it's fast!" The driver nodded again. Then a truck passed them and the man said, "Japanese Suzuki! How fast!" The driver kept quiet and pulled into the airport. "Here you are, mister. It's 2,500 pesos." The man said, "What! Why is the bill so big?" The driver said, "The meter on my taxi is made in Japan. It's very fast!"

日本人男性がホテルから空港までタクシーに乗りました。途中でタクシーが1台の車に追い越されると、男性は窓から身を乗り出して言いました。「おい、見ろよ！　日本のホンダだ！　本当に速いだろう！」。運転

手はうなずきました。するとまた別の車に追い越され、男性は、「あれは日本のトヨタだ！ いい車だし、速いだろう！」と言いました。運転手はまたうなずきました。すると今度はトラックに追い越されました。男性は、「日本のスズキだ！ なんて速いんだ！」。運転手はだまったまま空港で車を止め、「到着しました。2500ペソになります」と言いました。男性は驚き、「なんだって！ なんでそんなに高いんだ？」と言うと、運転手は、「このタクシーのメーターは日本製です。とても速いんです！」。

　これは有名なタクシーメーターのジョークですが、日本人と車は話題になりやすいようです。ホンダやトヨタのイメージが強いということもありますが、車を作るのが得意な割には運転はあまりうまくないというイメージも…。

A cop pulled over a car with Japanese tourists, and said, "Excuse me, this is a 65 mph highway — why are you going so slow?" The Japanese said, "Sir, I saw a lot of signs that said 22, not 65." "Oh, that's not the speed limit, that's the name of the highway you're on," the cop said. The Japanese replied, "Oh! Silly me! Thanks for letting me know. I'll be more careful." At this point the cop looked in the car where the other Japanese were shaking. "Excuse me, what's wrong with your friends? They're shaking something terrible," the cop asked. The Japanese answered, "Oh, we just got off of Highway 119."

警官が、日本人観光客が乗っている車を止めて尋ねました。「すみませんがね、ここは時速65マイル［約105キロ］で走る高速道路なんです

よ。なぜそんなにゆっくり走っているんですか？」。日本人は答えました。「でもおまわりさん、あちこちで標識には65ではなく22とありました」。警察が、「ああ、それは制限速度ではなくて、あなたが今いる高速道路の番号です」と言うと、日本人は「ええ！ なんてことだ！ 教えてくださってありがとうございます。今後は気をつけます」と言いました。ふと警官が車内を見ると、他の日本人たちが体を震わせていました。「お友達、大丈夫ですか？ ずいぶん震えていますね」と警官が聞くと、車を運転していた日本人が答えました。「ああ、ちょうどハイウェイ119を降りてきたところなんです」。

運転技術というよりは標識の見間違いですが、他国のルールや常識を逆手にとって「旅」をし続ける人のジョークもあります。

A man was crossing the U.S.-Mexican border on his bicycle.

The man was stopped by a guard, who pointed to two sacks the man had on his shoulders. "What's in the bags?" asked the guard. "Sand," said the cyclist. "Get them off. We'll take a look," said the guard. The cyclist did as he was told, emptied the bags and proved they contained nothing but sand. He reloaded the bags, put them on his shoulders and continued across the border. A week later, the same thing happened. Again the guard demanded to see the two bags, which again contained nothing but sand. This went on every week for six months, until one day the cyclist with the sand bags failed to appear. Then, the guard happened to meet the cyclist downtown again. "Hey, you sure had us puzzled," said the guard. "We knew you were smuggling something across the border. I won't say a word, but what is it you were smuggling?" "Bicycles!"

男が自転車でアメリカとメキシコの国境を越えて行こうとしていました。国境警備隊員が男を止め、肩に背負っていた2つの袋について聞きました。「何が入っているんだ？」。「砂です」。「降ろして中身を見せなさい」。自転車の男は言われたとおりに袋を降ろし、中身を全部空けましたが、砂以外に何も入っていません。男は袋を詰め直し、肩に乗せて国境を越えて行きました。1週間後、同じ事が起きました。警備隊員は再び2つの袋を調べましたが中身は砂だけです。これが毎週続いて6か月経った頃、自転車の男は来なくなりました。その後、警備隊員が繁華街であの自転車の男をまた見かけました。「おい、ちょっと本当に不思議なんだが」と声をかけ、「お前が国境で何かを違法に持ち出してたのは分かってるんだ。黙ってるから安心しろ。いったい、何を持ち出してたんだ？」。「自転車さ！」。

# 6月は幸せな結婚ができる!? ㉙

　6月というのは特別なイベントもなく、祭日もない、つまらない梅雨の時期。だから、そこに興を添えようというのか、日本でも「ジューン・ブライド」という言葉が浸透しています。ジューン・ブライドの語源は諸説ありますが、ジューン (**June**) は、ローマ神話に出てくる、結婚を司る女神ジュノー (**Juno**) に由来しているようです。この月に結婚すると、結婚生活の守護神であるジュノーに見守られるというわけです。

　日本では梅雨の季節であり、結婚式がもともと少ない時期であるため、結婚式場の戦略としてジューン・ブライドの話が広められたとか。最近では、それが功を奏して、6月の結婚式も多いようですね。

　そこで今回は **bridal joke** を集めてみました。結婚式の前日はわくわくドキドキ、うれしい気持ちでいっぱいです。そう、まさに前日が最も幸せな日だと言われているのです。

"Congratulations, my boy!" said the groom's uncle. "I'm sure you'll look back and remember today as the happiest day of your life." "But I'm not getting married until tomorrow," his nephew replied. "I know," said the uncle, "that's exactly what I mean."

「おめでとう！」。新郎の叔父が言いました。「お前の人生で今日が最も幸せな日だったと、あとで思い出す日が来るだろうよ」。甥が、「でも、僕の結婚式は明日だよ」と答えると、叔父は、「分かってる。だからだよ」と言いました」。

　人生をよりよく知っている叔父さんだからこそその指摘です。結婚すると、ハードな日々が待っているというのです（もちろん、すべての人に当てはまるわけではありません！）。結婚には、3つのリングが関わっているとよく言われます。その3つとは？

・engagement ring：婚約指輪
・wedding ring：結婚指輪

- **suffer ring (= suffering)**：苦悩、苦難

　3つのリングは、この順番でやってくるのですね。しかし、なぜ**bridal joke**にはこんなに残念なものが多いのでしょうか。それはやはり、「限りなく平和な世界にジョークは存在しない」ということなのです。単に幸せな結婚やハッピーエンドの話題では、ジョークになりませんからね。でも6月に結婚するハッピーなカップルのためにも、少しはかわいいジョークをご紹介しましょう。

**After a quarrel, a wife said to her husband, "You know, I was a fool when I married you." The husband replied, "Yes, dear, but I was in love and didn't notice."**
口げんかのあと、妻が夫に言いました。「あのね、あなたと結婚したとき、私ってホントにバカだったわ」。すると夫が言い返しました。「ああそうだな、でもあのときはキミを愛してたから気が付かなかったよ」。

　妻はあなたのような人と結婚したことがバカだった、と言っているのですが、夫は彼女のことが好き過ぎて、彼女がおバカさんであることにまったく気が付かなかった、と言うのです。恋は盲目、あばたもえくぼ、とはよく言いますが、まさに結婚当初は愛に溢れていたのでしょう。でも、たとえケンカしていたとしても、まだまだ修復可能なかわいいジョークです。
　最後に日本の小噺から、かわいい新婚さん噺を一つ。

**A newly wedded couple was in bed, and the bride suddenly felt gas in her belly and farted. She was ashamed, embarrassed and worried that her husband had noticed. So she asked,**

"Honey, did you just notice the earthquake?" The husband said, "No, I didn't. Really? I must have been in sleep...There was one?" "Yes, there was. But if you were asleep and didn't notice, that's OK. That's great!" "Right...but was it before or after you farted?"

結婚したばかりのカップルが横になっていたところ、花嫁が突然お腹にガスがたまるのを感じ、オナラをしました。恥ずかしいやら気まずいやら、そして夫に気付かれたかどうか心配でたまりません。そこで、「ねえあなた、いま地震があったのに気が付いた？」と聞きました。すると夫は、「いや、気が付かなかったな。本当かい？ きっと寝ちゃってたんだな…地震があったんだ？」。「ええ、そうよ。でも寝てて気が付かなかったのなら、いいの。大丈夫よ！」。「そうか…でもそれって君のオナラの前のこと？ 後のこと？」。

# 親子や兄弟にまつわるジョーク ㉚

　人間関係の中でも、最も関わりが深いのが親子、そして兄弟姉妹などの家族です。だからこそ、衝突が多い一方で、笑いも多いのです。けんかあるところにジョークありです。これはどこの国でも共通のようで、家族にまつわるジョークや笑いは絶えることがありません。特に、正直すぎる子供にしてやられる話は多いようです。

　最近、あるショッピングセンターの女性用のお手洗いでこんなことがありました。長い行列に並んでいたら、トイレの個室から小さな子どもの声が…。「ねぇママ、早くしてよ。まだ出るのー？　みんな待ってるよ。早く出してよー。もう…、早くトイレットペーパーで、これ…はい。パンツもうはいた？　ドア開けていい？　まだ？　もういいよ、みんな待ってるから！」。生々しいトイレ内の実況中継に、トイレから出てきたお母さんの顔は真っ赤。後になれば笑える話も、こんなときは勘弁してほしい気持ちです。

Two boys were arguing at a park. "Can't you run faster? You are so slow! Your mom must be really slow, too!" "What? Don't you talk about my mother! You, your mom must be fat and ugly, too!" "No, your mom is fat and ugly!" Then a lady

親子や兄弟にまつわるジョーク

came in between them and said, "Stop it! Stop arguing in public! You are brothers."

2人の少年が公園で口げんかをしていました。「もっと速く走れないのかよ？ お前ずいぶんのろいな！ お前の母ちゃんものろいんだろ！」「なんだと？ 母ちゃんの悪口を言うな！ お前の母ちゃんなんかきっとデブで不細工なんだろ！」「いや、お前の母ちゃんこそデブで不細工だ！」。そこへ女性が割って入って、言いました。「やめなさい！ 人前でケンカするなんて！ あんたたち、兄弟でしょ」。

　子供同士のけんかって浅はかですね、と言いたいところですが、親子の会話もそれほど変わらないかもしれません。ときには子供にうまく言い返されたり、弱点を突かれたり。いちばんつらいのは、子供の短所が自分のそれに似ていることでしょうか。

"Mom, mom! I just saw a three-meter-tall giant man outside of the door!" "I told you a million times, not to exaggerate things!"
「お母さん、お母さん！ いま外で3メートルはある巨人を見たよ！」
「大げさに言わないでって100万回は言ってるでしょ！」

　親子の間で話題になるのは、将来の夢。子供は色々なことを言いますが、親としてはなかなか認められないものが多いようです。

"Mom, I want to be a rock star when I'm grown up!" "Honey, you have to choose one or the other, you know."
「お母さん、僕、大人になったら、ロックスターになりたいんだ！」
「あのね、どちらか一つにしないとね」

　ちゃんとした大人になることと、ロックスターになることは、両立できないというわけですね…現実的なお母さんです。

"Dad, do you think I should be a painter or a poet?" "A painter, of course!" "Really? Did you see some of my work?" "No, I read some of your poems."
「お父さん、僕は絵描きになるべきだと思う？ それとも詩人？」「そりゃ決まってるさ、絵描きだよ！」「ホントに？ 僕の絵を見たの？」「いや、お前の詩を読んだんだ」

　さて、小さい頃はけんかばかりしていた兄弟でも、大人になるとぐっと距離が近づいたりするものです。最後に、ほのぼの（？）兄弟のジョークを一つ。

There was a man who came into a bar every night and ordered three glasses of beer. He drank one by one. The bartender finally said, "You know, you shouldn't order three beers at once. See, the last one is warm by the time you get to it." Then the man said, "Well, I have two brothers. We used to drink together every night. Now they live in different places, but I would like to keep our tradition. Those two are for my brothers." The bartender thought it to be a nice tradition. One day, the man came in and sat down as usual, and ordered two beers. The bartender figured it out. So he said, "Hey, I am so sorry for your loss..." "Why?" "Well, I thought you've lost one of your brothers." "Oh no, they're both fine. I just stopped drinking."

毎晩バーに来てはビールを3杯注文する男がいました。そして1杯ずつ飲むのです。ついにバーテンダーが言いました。「あのですね、ビールを3杯一度に頼まないほうがいいですよ。ほら、最後のなんか飲む頃にはぬるくなっちゃって」。すると男が言いました。「ああ、俺には弟が2人いてね。前は毎晩一緒に飲んでたんだよ。いまは別々のところに住んでいるんだけど、俺としてはこのしきたりを守ろうと思ってさ。この2杯は弟たちの分なんだ」。それはいいしきたりだ、とバーテンダーも納得しました。ところがある日、いつものように男がやって来て座ると、ビールを2杯注文したのです。バーテンダーにはどういうことか分かりました。「ああ、本当にお気の毒でしたね…」。「なんで？」。「弟さんたちのお一人がお亡くなりになったのでしょう？」。「いや違うよ、あいつらはピンピンしてるよ。俺が酒を飲むのをやめたのさ」。

# 世界一多い「ユダヤ・ジョーク」㉛

　世界には様々なタイプのジョークがありますが、中でも数が多いことで知られているのは「ユダヤ・ジョーク」です。「世界一分厚い本はユダヤのジョークブックで、最も薄い本は日本のジョークブック」と言われるほどです。ユダヤ人のステレオタイプとしては、お金持ち、商売上手、頭がいい、弁護士が多い、などなど。さらにはホロコースト時代の虐殺やヒトラーに関することさえもジョークのネタになっています。これらの歴史を映し出すジョークにはブラックユーモアが多く含まれていますが、これは彼らの歴史を記録し、人々に忘れられないために自己主張として語り継がれているようです。なかなかすんなりとは笑えないかもしれませんが、過酷な時代を乗り越えてきた人々へのリスペクトを込めて「ユダヤ・ジョーク」をご紹介します。

**Q:** How do you fit one hundred Jews in a car?
**A:** Four in the seat and ninety six in the ash tray.
Q: 100人のユダヤ人をどうやって1台の車に乗せる？
A: 4人を座席に、96人を灰皿に入れる。

世界一多い「ユダヤ・ジョーク」

**Q**: What's the difference between pizzas and Jews?
**A**: Pizzas don't scream in the oven.
Q: ピザとユダヤ人の違いはなに？
A: ピザはオーブンの中で泣き叫ばない。

**Q**: What's the difference between boy scouts and Jews?
**A**: Boy scouts come back from their camps.
Q: ボーイスカウトとユダヤ人の違いはなに？
A: ボーイスカウトはキャンプへ行っても帰ってくる。

　いずれも、強制収容所（キャンプ）で焼かれて灰になった人々がいかに数多くいるか、ということを皮肉ったジョークです。これらのジョークをユダヤの人々が「自嘲ユーモア」として披露し、聞き手に彼らの歴史を知らせているのです。むしろ、これらのジョーク

の意味が分からないという聞き手は、「おや、私たちの歴史を知らないのですか？」と不審がられてしまいます。ユダヤ・ジョークの中には、直接ヒトラーを腐すものもあります。

Hitler asked his fortune-teller about the day he dies. The fortune-teller said, "Well sir, you will die on a Jewish fete, holiday." So Hitler immediately arranged extra guards on all the Jewish holidays. Then the fortune-teller said, "Sir, it's no good to do that because whenever you die, it will be their fete holiday."

ヒトラーが占い師に自分はいつ死ぬのか、と聞きました。すると占い師は、「そうですね、ユダヤ人の祭日にお亡くなりになります」と答えました。するとヒトラーはすぐに、それらの日には特別に警護を増やすよう指示しました。ところが占い師が言うには、「そのようなことをされても無駄です。あなたがお亡くなりになる日はいつであろうと、ユダヤ人の祭日になります」。

**Q**: Why did Hitler kill himself?
**A**: The Jews sent him a gas bill!
Q: なぜヒトラーは自殺したの？
A: ユダヤ人がガス代を請求したから！

　ホロコーストの時代にヒトラーの命令により多くのユダヤ人がガス室に送り込まれ、命を落としたという事実を的確に表現しているジョークです。ユーモアは人々のコミュニケーションや人間関係を円滑にしたり、怒りを収めたり、物事をポジティブに捉えさせたりする効果があります。その一方で、誰かを痛烈に批判したり、攻

撃したりする場合にも大いに活躍します。このような**aggressive humor**（攻撃的なユーモア）は政治や社会規範への抵抗や風刺などにもよく見られます。

　一般庶民は自分たちにはどうしようもない圧力や権力に対して、ストレスを発散するためにも、ジョークを使っていたのですね。ジョークには様々な歴史的な出来事や社会状況が反映されることがあり、ジョークの研究をすることによってそのような背景を知ることができます。

　マーク・トウェインの言葉に"Humor is tragedy plus time."（ユーモアとは、悲劇に時間が加わったものである）というのがありますが、時間が経つと人は悲劇を笑えるようになり、またそうすることによって、精神のバランスを保つと言われています。悲劇を乗り越えて、心に平穏を。**Laugh & Peace**！

# テストにまつわるジョーク ㉜

　学校で誰もが経験する「試験」には、皆それなりに真剣に取り組むものですが、どこの試験でも笑える珍解答があるものです。私自身、国語の試験で「雪が解けたら〇になる」という文章の〇を漢字一文字で埋めるという問題で、「春」と解答して×だったことがあります。正解は、「水」だそうです。今考えると、どっちでもいいような…。

　すでにお話したネタですが、歴史のテストで、「板垣退助が襲撃をうけて刃物で刺されたときに発した言葉はなんでしょうか？」という問題に、「うぐっ！」と答えた解答があったそうです。正解は「板垣死すとも自由は死せず」ですが、やはりテストでは、「うぐっ！」では×なのでしょうね。ただ、真実は誰にも分からず、証拠は何もありません。犯人を取り押さえた板垣の秘書が叫んだ台詞という説もあるようですヨ。やっぱり、「うぐっ！」が正解だったりして。

　英語圏の子供たちも、なかなかひねった解答をします。

**Exam question:** When was Napoleon born?
**Student's answer:** On his birthday.

問題：ナポレオンが生まれたのはいつですか？
生徒の解答：ナポレオンの誕生日。

*

**Exam question**: Write, in as much detail as possible, all you know about the great English watercolor painters of the 18th century.
**Student's answer**: They're all dead.

問題：18世紀のイギリスの著名な水彩画家について、知っていることをできる限り詳しく書きなさい。
生徒の解答：みんな死んでいる。

　決して間違いではないけれど、「正解」とは異なる解答をすると×となってしまうのは、ときとして残念なことです。「得点にはならないけれど○」としてもいいような気がします。学校は勉強をするところだからふざけた解答はダメ、というのは確かですが、答えが分からない場合、想像力を使ってウィットの利いた解答をひねり出すのは、よい頭の体操になります。
　ユーモア力があると逆境に強くなる、と言われていますが、まさにそのとおりだと思います。学校の試験では正しい答えは一つかもしれませんが、社会に出たら様々な問題に対して多くの選択肢と解決策をひねり出す能力が求められます。答えの分からない問題にぶつかることもあるでしょう。そんな逆境を乗り越える術として、ユーモアを駆使する力はきっと役に立ちます。
　さて、成績が良いことばかりが大事だとは思いませんが、やはりそこは親にとってはいちばんの関心事です。

**Father**: How are your test scores, son?

**Son**: They're underwater.
**Father**: What do you mean?
**Son**: Below C level.

父：息子よ、試験の成績はどうだった？
息子：水中だね。
父：どういう意味だい？
息子：Cレベルより下ってこと。

　Cはsea（海）と掛けてあります。Cより下ということは、通常はF（Fail）で「不合格」ということですね。

**Father**: This report is terrible. It says that in your exams you came in last in a class of 20.
**Son**: It could be worse, Dad…there could be more people

in the class.

父：この成績はひどいな。試験の結果は20人クラスでいちばん下じゃないか。

息子：お父さん、クラスにもっと人がいたら、もっとひどいことになっていたよ。

　これだけ切り返しのうまい子供なら、成績が少々悪くても将来は心配ありません。少なくとも正直であれば…。ズルいカンニングはダメです。

**Q**: Which animal gets the highest test scores?
**A**: Cheetah!
Q: 動物の中でいちばんテストの点数がいいのは誰？
A: チーター！

　あの走るのが速いチーターと**cheater**をかけています。**cheater**は「ズルをする人」「カンニングをする人」の意味です。

# 田舎者のジョーク ㉝

　暑さ真っ盛りの中、滞在中のアメリカのアイダホ州にてこの原稿を書いていますが、ほとんどの人が（アメリカ人も含めて）「アイダホってどこ？」と思うのではないでしょうか。もしくは、アイダホ州とアイオワ州の違いが分からないかもしれません。アメリカのような大きな国では、多くの地域がいわゆる「田舎」に属し、「田舎者ジョーク」が頻繁に語られます。アイダホもそんな地域の一つ。たとえば、こんなジョークがあります。

A traveler passing by went to a bar in Idaho. He leaned over to the guy next to him and said, "Do you want to hear a funny joke about Idaho?" The man replied, "Well, before you tell that joke, you should know something. I was born in Idaho, I'm 183 centimeters tall, weigh 95 kilograms. And I'm a professional triathlete and bodybuilder. The guy sitting next to me is 188 centimeters tall and weighs 100 kilograms. He is a former professional wrestler. Next to him is a guy from Idaho who is 195 centimeters tall and weighs 113 kilograms, and he is a professional kickboxer. Now, do you still want

田舎者のジョーク

to tell that Idaho joke?" The traveler paused for a while and replied, "No, not if I'm going to have to explain it three times."

アイダホで通りすがりの旅行者がバーに入りました。男は、隣の男に体を寄せ、「アイダホについての面白いジョークを聞きたくないかい？」と言いました。隣の男は、「そのジョークを言う前に、知っておくべきことがあるぞ。俺はアイダホ生まれで、身長183センチ、体重95キロ、プロのトライアスロンの選手でボディビルダーだ。隣のこいつは188センチ、100キロで、元プロレスラー。その隣のやつもアイダホ出身で、195センチで113キロ、プロのキックボクサーだ。さあ、これでもそのアイダホ・ジョークを言いたいか？」。旅行者の男は少し考えたあとで答えました。「いや、もしジョークを3回説明しなきゃならないのなら、結構だ」。

　田舎育ちのガタイのいい男性陣、腕っぷしなら負けないが頭の回転は…、という雰囲気がよく出ています。ただ、このジョーク、アイダホに限るものとは思えません。テキサスでもテネシーでも、どの田舎でも通用しそうなジョークです。

　ちなみに、アメリカの田舎ならではの風習もあります。いくつかの州には'roadkill' billという法律があり、車などにはねられた動物は速やかに安楽死させ、場合によっては食用にしてもよいことになっています。車にはねられたシカを食べるためにその場で処理するのです。死を無駄にせず、ありがたくいただく、ということなのでしょうね。

　また、モノの機能や価値がよく分からない、ということも田舎者のステレオタイプです。

A family came to visit a big city for the first time. The father and his son were talking in front of an elevator. "What do you think this box is? It has been going up and down...," the father said. Then an old lady walked into the box and went up. And when it came back down, a young pretty lady came out of the box. The father said, "Son, go get your mother, now!"

ある家族が、田舎から初めて都会に来ました。父親と息子がエレベーターの前で話しています。「この箱、なんだと思う？ さっきから上に行ったり下に行ったりしているな」と父親が言いました。すると、おばあさんが箱に乗り込み、箱は上へ行きました。箱が戻ってくると、中から若くて美しい女性が出てきました。これを見た父親、「息子よ、今すぐに母ちゃんを呼んできなさい！」。

田舎者のジョーク

　女性を若返らせ、美しくする箱…そんなものがあったら入りたいものです。「田舎者」といえば、落語にはこんな噺があります。

The son of a very wealthy family became ill. Despite it being summer, he wanted to eat some mandarin oranges. The father told his servant, who came from the countryside, "I don't care how much it costs, find me some oranges!" So the servant went out to look for oranges, but couldn't find any. Finally, he located some at a farm, but there were only three left in the barn. The farmer asked the exorbitant price of 300 ryo for the oranges. Since the wealthy father was still willing to pay, the servant brought 300 ryo and paid for the oranges. The servant began to think about how much he had paid on the way back home. "I can't believe these oranges cost 300 ryo. If I had that much money, I could live in comfort for the rest of my life." So, the servant ran off with the three oranges.

ある富豪の息子が病に侵されました。夏だというのに、どうしてもミカンが食べたいと言うので、父親が田舎から出てきたばかりの丁稚に、「いくらかかってもいい、ミカンを探してこい！」と言いました。そこで丁稚はミカンを探しましたが、なかなか見つかりません。やっとのことである農家の納屋で見つけましたが、3つしか残っていませんでした。農家の男は300両もの法外な代金を請求しましたが、富豪の父親は構わないと言うので、丁稚は300両を持って行って支払い、3つのミカンを手にしました。帰り道、丁稚は支払った金のことを考えました。「こんなミカン3つで300両だなんて。300両あったら一生楽しく暮らせるなぁ」。それでそのまま3つのミカンを持って逃げてしまいました。

# 航空機ジョーク ㉞

　飛行機に乗ることが多い生活を送っていると、つくづく思うのは航空機に関するジョークが多いこと、そしてパイロットや客室乗務員にはユーモアのセンスが必要なことです。誰もが一度は思うことですが、冷静に考えるとあんなに大きな鉄の塊が空を飛ぶなんて、あまりにも不思議で不安です。乗客の命を預かっているパイロットや客室乗務員には、そんな不安感や緊張感を緩和するために、ジョークが不可欠なのかもしれませんね。

[An airplane has been hijacked.]
**Hijacker:** Hey, pilot. Fly to Mexico, now.
**Pilot:** Oh, no no. Don't be stupid.
**Hijacker:** Shut up! Can't you see this gun? Do what I tell you! Fly to Mexico!
**Pilot:** No, no. Don't be stupid. This flight is for Mexico.

[飛行機がハイジャックに遭いました]
ハイジャック犯：おい、パイロット！　今すぐメキシコへ飛べ！
機長：ああ、だめだめ。ばかなまねはやめなさい。
ハイジャック犯：黙れ！　この銃が見えないのか？　言われたとおりにし

航空機ジョーク

> This flight is for Mexico.

ろ！ メキシコへ飛ぶんだ！
機長：いやいや。ばかなまねをするんじゃない。この便はメキシコ行きだ。

　さすが機長、冷静ですね。やはり機長や客室乗務員は、信頼のおける優秀な人材であってほしいものです。航空業界では、アメリカのサウスウエスト航空がユーモアのある人材でなければ採用しないということでよく知られています。ユーモアのある人は、危機的状況においてパニックに陥らず冷静な対処ができる、乗客に安心感を与えて緊張感を取り除く、退屈な長時間のフライトのストレスを緩和できる、などの能力にたけているそうです。ここでいくつか同社の機内放送をご紹介します。

"Welcome aboard Southwest Flight XXX to YYY. To fasten

your seatbelt, insert the metal tab into the buckle, and pull tight. It works just like every other seatbelt, and if you don't know how to operate one, you probably shouldn't be out in public unsupervised. In the event of a sudden loss of cabin pressure, oxygen masks will descend from the ceiling. Stop screaming, grab the mask, and pull it over your face. If you have small children traveling with you, secure your mask before assisting with theirs...if they have been good. If you are traveling with two small children, decide now which one you love more."

YYY行きのサウスウエスト航空XXX便へようこそ。シートベルトを締めるには、金属部分をバックルに入れて、きつく引っ張ります。他のよくあるシートベルトと同じです。もしやり方が分からないようでしたら、もはやおひとりで公共の場にお出かけにはならないほうがよろしいでしょう。機内の空気圧が急に下がった場合には、酸素マスクが天井部分から降りてきます。叫ぶのをやめてマスクをつかみ、顔に当ててください。小さなお子様がいらっしゃる場合、ご自身にマスクを当ててからお子様にマスクをはめてあげてください…もしいい子にしていたらですが。小さなお子様が2人いらっしゃる場合は、どちらをより愛しているか今決めておいてください。

　非常時の説明など、通常は退屈でなかなか乗客も真面目に聞いてくれないものです。しかし最近では、各航空会社もかなり工夫を凝らしていて、ぬいぐるみや着ぐるみを使ったり、ユーモラスな映像を使ったりして、楽しく見やすく説明することが多くなっています。

"As you exit the plane, please make sure to gather all of your belongings. Anything left behind will be distributed evenly among the flight attendants. Please do not leave children or spouses. Thank you, and remember, nobody loves you, or your money, more than Southwest Airlines."

当機からお降りになる際は、お忘れ物のないようにお願いいたします。お忘れになったものは、客室乗務員の間で公平に分配させていただきます。お願いですから、お子様や配偶者様はお忘れにならないでください。ご搭乗ありがとうございました。私どもサウスウエストほど、皆さまや皆さまのお金を愛する航空会社はほかにはありません。どうぞお忘れなきよう。

　ユーモラスな機内放送は、インパクトがあるものです。そして、乗客には好印象を与えているようです。疲れるフライトに思いやりのあるユーモアを。

# スポーツに関するジョーク ㉟

　秋は季節もよく、運動するのに最適な時期ですね。そこで今回はスポーツに関するジョークをいくつかご紹介します。日本のスポーツといえば、柔道や相撲などがありますが、近年ではかなり国際化しています。

　日本古来の武道である相撲も海外へ巡業に行くようになり、力士も英語に直面することがあるようです。ある力士が"No Smoking"の表示を見て、「ここはスモウ禁止か…」とつぶやいたとか。

The Devil challenged God to a judo tournament. God smiled and said, "You don't have a chance. I have Kano, Mifune, Kotani, Kimura and all the greatest judoists up here." Then the Devil grinned and said, "Yes, but I have all the referees."
悪魔が神に、柔道のトーナメント試合を申し出ました。神は笑って、「あなたに勝ち目はありませんよ。こちらにはカノウ、ミフネ、コタニ、キムラと、すべて最高の選手が揃っているのですから」と言いました。すると悪魔はニヤリとして言いました。「はいはい、でもね、こっちのチームには審判が全員ついているんですよ」。

スポーツに関するジョーク

　柔道の国際ルールはなかなか複雑で、勝敗はときとして審判次第、といった状況もあるようです。したがって、優れた選手よりも審判を味方にしたほうが有利、というわけです。

A tennis player, a soccer player and a sumo wrestler went skydiving. As they jumped out of the airplane, each one shouted. The tennis player said, "Whatever happens, please save my arms!" and jumped out. The soccer player said, "Whatever happens, please save my legs!" and jumped out. The sumo wrestler said, "Whatever happens...please save the person I land on!"

テニス選手とサッカー選手と相撲力士がスカイダイビングに行きました。飛行機から飛び降りるとき、それぞれが叫びました。テニス選手

は、「何があろうとも、腕だけはお守りください！」と言って飛び降りました。サッカー選手は、「何があろうとも、脚だけはお守りください！」と言って飛び降りました。力士は、「何があろうとも…僕が落ちるところにいる人をお守りください！」と言いました。

　スポーツに関するジョークで最も多いのは、やはりサッカーや野球、もしくはアメリカン・フットボールやホッケーなど、人気スポーツのプロ選手に関するものですね。しかし、こういったジョークはファンの内輪ウケを狙ったようなところもあって、各選手の特徴を知らなければ通じません。一般的には、スポーツそのものの特徴をジョークにしたもののほうが分かりやすいようです。

**A boy went out to his backyard with his baseball and bat. He put on his baseball cap and told himself, "I'm the best hitter in the world!" He threw the baseball up in the air and swung his bat! In the air! "...Strike one!" He shouted. He picked up the baseball and threw it up in the air again and swung! "...Strike two!" He picked up the baseball again, straightening his baseball cap. "I'm the best hitter in the world!" He threw the baseball up in the air and swung again! "...Strike..., three! Batter out! Wow. I must be the best pitcher in the world!"**
少年が野球のボールとバットを持って裏庭に出てきました。野球帽をかぶり、「僕は世界一のバッターだ！」と自分に言い聞かせました。彼はボールを空中に投げ上げ、バットを振りました！　空を切ります！「…ストライク！」と叫びました。彼はボールを拾って再び空中に投げ上げ、バットを振りました！「…ツーストライク！」。彼はもう一度ボールを

拾い、野球帽をかぶり直しました。「僕は世界一のバッターだ！」。ボールを空中に投げ上げ、またバットを振りました！「…ストライク…三振！ バッター、アウト！ すごいな。僕って世界一のピッチャーに違いないよ！」。

　スポーツ・ジョークで種類の多いものといえば、なんといってもゴルフです。シャレから政治的ジョーク、男女ジョーク、天国・地獄ジョークまで幅広いテーマを扱うのがゴルフ・ジョークです。ここでは短いシャレを一つ。

**"Why do golfers always carry two pairs of trousers with them?" "Just in case they get a hole in one."**
「ゴルフをする人たちは、どうしていつもズボンを2着持ってくるの？」
「ホールインワンしたときのためさ」

　ここでは、**get a hole in one**で、「1着のズボンに穴があく」をかけています。

# お金を賢く使う技はジョークにあり ㊱

　お金と頭は使いよう、と昔からよく言われます。世界中どこへ行ってもお金とその使い方に関するジョークは存在するようです。お金をちょろまかす話、上手に使う話、もうけ話、損する話、等々。日本にも、昔からお金にまつわる小噺や落語が数多くあります。

[A man went to buy a large pot. He went to a shop and asked how much the pots are. The shop owner said, "Well, the small ones are 3yen, and the large ones are 6yen." The man said, "Oh, I see. Then I will take a small one." He paid 3yen and took the small pot. He left the shop, walked around the block and came back to the shop.]

**Man:** Hi, I just had a second thought. I think I would like a large pot instead. Is that OK?

**Shop owner:** Of course!

**Man:** That's great. So how much will you take this small pot back for?

**Shop owner:** Well, you just bought it. I will take it back for

3 yen.

**Man**: Oh, that's nice of you. Thank you. By the way, do you still have the 3 yen I gave you a little while ago?

**Shop owner**: Oh, yes, it is right here.

**Man**: That's good. And you said large pots are 6 yen each, right? OK, then...I'll give this 3 yen pot back to you, and together with that 3 yen in cash you have right there...will be 6 yen, right?

**Shop owner**: Ah,...yes, it is 6 yen. Thank you very much!

[ある男が大きな壺を買いに行きました。店に着くと、壺の値段を聞きました。店主は、「ええと、小さな壺は3円で、大きな壺は6円です」と言いました。男は、「なるほど。それなら小さな方をもらうよ」と言い、3円払って小さな壺を買いました。男は店を出るとあたりを一周してから店に戻ってきました]

男：どうも。改めてちょっと考えたんだけどね。これじゃなくて大きな壺にしようかと思って。いいかな？

店主：もちろんですよ！

男：それはよかった。で、この小さな壺はいくらで引き取ってくれるかな？

店主：ええと、さっき買ったところですから、3円で引き取りますよ。

男：それはご親切に、ありがとう。ところで、さっき渡した3円ってまだ持っているかな？

店主：ええ、はい、ここにあります。

男：ああ、よかった。大きな壺は6円だと言ったね？ じゃあ…この3円の壺をそっちに返して、そこにある3円の現金と足すと…ちょうど6円になる、でしょ？

店主：ええと…、はい、そうです。6円。毎度ありがとうございました！

「壺算」という有名な古典落語を簡単にご紹介しましたが、非常によくできたお話です。現代でも思わずだまされてしまいそうです。しかし、賢いお金の使い方をする人がいるのは、日本だけではありません。

A wise old man lived in a small house in a nice neighborhood. One day, a group of young men came nearby his house and started singing along guitars on the street. They were awful musicians. The old man could not stand it when they played the music every day. So he walked up to them and said, "Hi, guys. I just love your music. Will you play your songs every day here? I will pay you $3 each day." The young men were happy to accept his offer. Next day, the old man said, "You know what. My pension money was just cut down. I can only pay you $2 from today. Will you still play your music for me?" The young men, not happy, still accepted the offer. And next day, the old man said, "Sorry, I am only able to pay you $1 today...but will you still play for me?" The young men, obviously upset, refused. "What!? You want us to play only for $1? Forget it!" They left the place for good.

ある賢い老人が、環境のいい地域の小さな家に住んでいました。ある日、若者のグループが家の近くにやってきて、道ばたでギターを弾きながら歌を歌い始めました。彼らの音楽はひどいものでした。老人は毎日のこの騒音に耐えられなくなり、彼らのところへ行ってこう言いました。「どうも、みなさん。本当に素晴らしい音楽だ。ここで毎日演奏してくれないかな？ 毎日3ドルずつ払うよ」。若者たちは喜んでこの申し出を受け入れました。翌日、老人は「あのね、年金が減らされてしまってね。今日からは2ドルしか払えないんだよ。それでも演奏してくれるかい？」。若者たちはしぶしぶこの申し出を受け入れました。そして翌日、老人は「悪いねぇ、今日は1ドルしか払えないんだよ…でも演奏を続けてくれるかい？」。若者たちは明らかに不機嫌になり、これを拒否しました。「なんだって！？ たった1ドルで演奏しろって？ 冗談じゃない！」。そして彼らは二度と戻ってきませんでしたとさ。

お金の概念というものは、かなり古くからあり、普遍的であると言えます。どこの国でも、ちょっとでも得すると、してやったり、と思うようです。ただし、お金がすべての幸せを支配するわけではないですよね。人生におけるちょっとしたスパイスです。それが分かっているからこそ、お金のジョークは面白いのかもしれません。

# 話を「盛る」、魚釣りジョーク ㊲

　今回は「フィッシャーマンズ・ジョーク」、もしくは「魚釣りジョーク」を取り上げます。魚釣りというと、話がついつい大げさになったり、話を盛ってしまったりするようです。「このくらいの大きさの魚を釣った！」の、「このくらい」と広げた両手の幅がだんだん大きくなっていく。これは、どうやら万国共通のようです。

Two men were fishing on a pier and one of them said, "I was fishing here last night and I caught a fish that was over 80 centimeters long." So the other one said, "Oh yeah? Well, I was here two nights ago and I hooked something huge. After a 30-minute fight, I finally got it up and it was an old lantern and the thing was still lit." "I don't believe that. You are lying," the man who claimed he caught a big fish said. Then the other man said, "I'll tell you what. You knock 50 centimeters off your fish and I'll blow out my lantern."

桟橋で2人の男が釣りをしていて、1人がこう切り出しました。「昨晩もここで釣りをしたんだけど、80センチの魚を釣り上げたんだぜ」。するともう1人が言いました。「へえ、そうかい。俺はおとといの晩ここ

話を「盛る」、魚釣りジョーク

で釣りをしたら、何かでかいものが引っかかってな。30分ほど格闘してやっと釣り上げたら、なんと提灯だった。しかも火がついたままだったんだぜ」。「そいつは信じられないな。お前、ウソついてるだろう」と、大きな魚を釣り上げたという男が言うと、もう1人が言いました。「じゃあ、こうしよう。お前が魚のサイズを50センチ引いたら、提灯の火は消してやる」。

　魚の大きさが実は30センチほどだったと正直に言えば、こちらも提灯の火はついていなかったと正直に言ってやる、というわけです。釣った魚のサイズがどれほどなのかが重要なようです。さて、釣りに出かけるとなると、家族は夕食のおかずを期待します。これまたプレッシャーとなるようです。

Jim had an awful day fishing on the lake, sitting in the blazing sun all day without catching a single one. On his way home, he stopped at the supermarket and ordered four catfish. He told the fish salesman, "Pick four largest ones out and throw them at me, will you?" "Why do you want me to throw them at you?" the salesman asked. "I want to tell my wife that I caught them," Jim said. "OK, but I suggest that you take the orange roughy," said the salesman. "Why?" Jim asked. "Because your wife came in earlier today and said that if you came by, I should tell you to take the orange roughy. She prefers that for supper tonight," said the salesman.

ジムは湖に釣りに出かけましたが、さんざんな日でした。暑い日差しの中、一日中座っていたのに、1匹も釣れなかったのです。帰り道、スーパーに寄ってナマズを4匹注文しました。店員に、「いちばん大きいナマ

ズを4匹選んで、こっちに投げてくれる？」と言いました。「なんで投げてほしいんですか？」と店員が聞きました。「そしたら、かみさんに『魚捕まえた』って言えるだろう？」とジムが答えると、「なるほど、でも、それならヒウチダイをお勧めしますよ」という返事。ジムが「なんで？」と聞くと、店員は、「おたくの奥さんが今日来てね、もし旦那が立ち寄ったら、そのヒウチダイを買って帰るように勧めてくれって言われたんですよ。今日の夕食にはそれがいいそうで」。

　残念ながら、奥様のほうが読みが深いようです。釣る魚も選べるものなら選びたいですよね。最後に、ほっこりハッピーな気分になれるお話をご紹介します。

**A businessman stopped by a beach and met a fisherman. He asked the fisherman, "So, how is your life as a fisherman?"**

The fisherman said, "Good. Whenever I wake up, I go fishing. I come home and have a nice lunch with my family and play with my children. And in the evening, I drink wine with my wife and friends." The businessman replied, "Wow. You should work harder! If I were you, I would work all day, buy a big fishing boat, hire dozens of people and start a big fishing business! Then you will be rich!" "How long will it take?" the fisherman asked. "Maybe 15 years," the businessman answered. Asked by the fisherman, "And after that, what would you do?" The businessman said, "Well of course, I would live by a nice beach and go fishing whenever I wake up. Then I would have a nice lunch with my family and play with my children. And in the evening, I would drink wine with my wife and friends."

あるビジネスマンが浜辺に立ち寄り、ある漁師と出会いました。「漁師の生活ってどんな感じだい？」とビジネスマンは尋ねました。漁師は答えました。「いいよぉ。目が覚めたら釣りに出る。家に帰ってきたら、家族と一緒においしいお昼ごはんを食べて、子供たちと遊ぶ。夜は嫁さんや友達とワインを飲んだりしてね」。ビジネスマンは「へえ。もっと働いた方がいいよ！ 私なら、一日中仕事して、大きな漁船買って、何人もの人を雇って、でっかく漁業の商売を始めるね！ そうすりゃ金持ちさ！」。「そうなるのにどのくらいかかるんだい？」と漁師が聞きました。「15年くらいかな」。「それでそのあと、どうするんだい？」と漁師に聞かれ、ビジネスマンは答えました。「そりゃもちろん、いい感じの浜辺に住んで、目が覚めたら釣りに行ってさ。家族とおいしいお昼ごはんを食べて、子供たちと遊んで、夜は嫁さんや友達とワインを飲むんだよ」。

# 達成できそうな今年の抱負は？ ㊳

　新しい年を迎えると、その年の目標や抱負を掲げる人が多いのではないでしょうか。アメリカのある調査によると、年初の抱負の約半分が自己の向上に関するもの、40パーセントほどがダイエットや体重に関するもの、35パーセントほどがお金に関するもの、同じく35パーセントほどが人間関係に関するものだったということです。2つ以上の目標を立てる人もいるため、合計が100パーセントを超えていますが、そのほとんどの目標が達成されないで終わるそうです。しかも、最初の1か月、つまり1月中に断念する人が最も多いとか。これは大変です。『スタンフォードの自分を変える教室』で知られるケリー・マクゴニガル教授は、大抵の場合、新年の目標を1人で達成することはできない、と述べています。

My New Year's resolution was ... NOT to have any desserts after dinner! So I kept myself from having desserts everyday ... while everybody else was having their desserts. Then I noticed that watching people eating desserts is the most stressful thing to do. After all, "stressed" spelled backward is desserts! Stress is really bad for you, so I decided to have

desserts instead.
私の新年の抱負は…夕食後にデザートを食べないこと！ だから毎日デザートを食べないようにしていたの…みんながデザートを食べているときも。でも、他の人がデザートを食べているのを見ていることほどストレスがたまることはないわって思ったのよね。考えてみたら、「ストレス」のスペルってデザートのスペルの反対！ ストレスは本当に体に悪いから、デザートを食べることにしてやったわ。

　確かに1年間というのは長い期間ですから、モチベーションをキープするのは難しいですね。目標を達成するには、家族や身近な人の助けが必要です。ですから多くの人が新年の抱負を「公言」するのかもしれません。最近ではペットの犬や猫にも、一年の抱負が設けられるようです。次はペットの犬「スキッパー」の抱負です。これまた、実現には家族みんなの協力が必要です。

## "New Year's Resolutions by Skipper"

*I will not bark each time I see or hear a dog on TV.
*I will not steal underwear belonging to my master and then dance all over the backyard with it.
*I will not chew red crayons or pens, because my master will think that I am hemorrhaging.
*I will not roll my toys behind the fridge.
*I must shake the rainwater out of my coat <u>before</u> I enter the house.

[スキッパーの新年の抱負]
・テレビで犬を見たり、犬の声を聞いたりするたびにほえない。
・ご主人様の下着を盗んで、それを裏庭で振り回して遊んだりしない。

・赤いクレヨンやペンをぐちゃぐちゃに噛んで、大量出血したとご主人様を心配させたりしない。
・おもちゃを転がして冷蔵庫の後ろに入れたりしない。
・雨の日には、家に入る<u>前</u>にブルブルして、毛についたしずくを振るい落とすこと。

それにしても、あまりにも高い目標を立てると達成しにくいものです。

[At a doctor's office]
**Doctor**: Well, well. It seems that your weight is perfect. It just happens that you are 10 inches too short.
**Man**: Wow. I thought my New Year's resolution had to be 'lose weight,' but I guess I just need to be taller!
[診察室にて]

医師：さてさて。体重はどうやら完璧のようです。身長が25センチほど低すぎるだけですね。
男：ほお。新年の抱負を「減量」にしなければならないかと思っていましたが、背を伸ばせばいいってことですな！

　やはり新年の抱負は、現実を見極めたものにしたほうがいいようですね。

**2012**: I will read at least 10 books a year.
**2013**: I will read five books a year.
**2014**: I will read some articles in the newspaper this year.
**2015**: I will try to read some articles in the newspaper this year.
**2016**: I will try and finish the comics section this year.

2012年：少なくとも1年に10冊の本を読む。
2013年：1年に5冊の本を読む。
2014年：今年は新聞記事をいくつか読む。
2015年：今年は新聞記事をいくつか読むようにしたい。
2016年：今年は新聞の漫画コラムを読み終えるようにしたい。

　見直すだけで楽しくなるような抱負がいいですね。

# 試験の季節…
# 賢いのは誰？ ㊴

　今回は「試験」がテーマです。大学の期末試験の時期には、学生はとにかく一生懸命勉強したり、レポートを書いたりするのですが、どうしようもないときには試行錯誤して切り抜ける手立てを考えたりもします。私がコロラド州立大学の学生だった頃、心理学の期末試験の真っただ中に泣きながら教室に入ってきた男子学生がいました。学生が300名ほどいる大教室で、大声でわんわん泣きながら、「2年間付き合った彼女に昨夜フラれて、勉強ができなかった。できれば、来週立ち直ってから試験を受けさせてほしい」と教授に懇願したのです。全学生がマイクを通してすべてを聞いていました。誰もが、「それはないでしょ、ふざけるな」と思った次の瞬間、教授が、「それは大変でしたね。分かりました。じゃあ、来週」と言ったのです。どう考えても彼の話はウソだと思うのですが、それをそのまま受け止めた教授が素晴らしく大らかなのか、間抜けなのか、それとも学生がパフォーマンス力にすぐれていたのか。真相は分からないままですが、今の私に大きな影響を与えた事件の一つだったことは確かです。

**A final exam was set for an introductory linguistics class**

and there were 800 students in the classroom. One student came in half an hour late. The professor said, "You only have half an hour left. I will not accept your exam any later." The student said, "Yes, fine. I will finish in half an hour." After half an hour, the professor announced the end of the exam and all students lined up to turn in their exams. The student who came in late kept on working. After about 20 minutes, he came to the professor and put his exam on top of the pile of other 800 exams. The professor, who was preparing for next class, looked up and said, "No no, I told you. I will not accept that." Then the student said, "Excuse me, but don't you know who I am?" The professor said, "No, I don't." "Really. You don't know who I am?" "No, I don't. And I don't care!" "That's good." Then the student quickly put his exam in the middle of the pile and left the room.

言語学入門のクラスで期末試験が行なわれており、800名の学生が試験を受けていました。1人の学生が30分遅れて入ってきました。教授は、「もう30分しかない。それに試験時間が終わったらそこで提出だよ」。学生は、「はい、大丈夫です。30分で終わらせます」と言いました。30分後、教授は試験の終わりを告げ、学生たちは皆、答案用紙を提出するために並びました。遅れてやって来た学生はまだ答案用紙に向かっていました。20分ほどして、ようやく教授のところへ来て、他の800枚の答案用紙の山の上へ自分の答案用紙を置きました。次の授業の用意をしていた教授は顔を上げて、「だめだめ、言っただろう？ それは受け取れんよ」。すると学生は言いました。「失礼ですが、私のことをご存じないのですか？」。「いいや、知らないね」という教授の返事。「本当ですか。私が誰か知らないのですね？」。「知らんね。それにどうでもいいことだ！」。「それはよかった」。そして学生は素早く自分の答案用紙を800枚の山の真ん中あたりに差し込んで、部屋を出ていきました。

　本当に学生って、時として賢いです。あの手この手でねじ込んでくる遅刻、欠席、レポート未提出の理由（言い訳）の数々…最終試験のこの時期、学生と教員の攻防が続きます。でも教員もやられっぱなし、というワケにはいきません。

Three students were late to their final exam. Their excuse was that their car had a flat tire that morning on the way to campus and they'd had to fix it. The professor was understanding and said OK, and gave them the final exam with an extra question. The extra question was, "Which tire was flat? [90/100 points]"

試験の季節…賢いのは誰？

3人の学生が期末試験に遅刻しました。理由は、今朝学校まで一緒に乗ってきた車のタイヤがパンクして、直さなければならなかったから、とのこと。教授は物わかりがよく、OKと言って、試験を受けさせてあげました。ただし、1問追加で。その追加の問題とは、「パンクしたのは、どのタイヤ？ [配点は100点中90点]。

　どうしても試験を受けたくない人は尽きないものです。

**In the middle of a final examination, a man called an administrative office and said, "Excuse me, I would like to talk to James White who is taking an exam today on campus. I am his grandfather and this is an emergency." The lady who answered the phone said, "Let's see ... James White is absent today. He is at your funeral."**

期末試験の最中に、男性が大学の事務局に電話をしてきました。「すみません、今日そちらで試験を受けているジェームズ・ホワイトと話せますか？　私は彼の祖父ですが、緊急の用がありまして」。すると電話に出た女性が言いました。「少々お待ちください…ジェームズ・ホワイトは本日欠席です。あなたのお葬式に出ています」。

# なぞなぞで、子供も大人も頭の体操 ㊵

　日本語でも英語でも子供たちは「なぞなぞ」（**riddle**）が大好きです。そして大人にとっても、固くなった頭を柔らかくする、脳みそのストレッチ運動として大いに役に立ちます。なぞなぞは言葉遊びや同音異義語を使ったものが多いので、言葉のいい勉強にもなります。まずは簡単で、小さな子供たちに人気のあるなぞなぞからご紹介しましょう。

"What flowers have two lips?" "Tulips."
「唇が2枚ある花は何？」「チューリップ」[*two lips]

"What do you get when you throw butter in the sky?" "Butterfly."
「空にバターを投げると何になる？」「チョウ」[*butter fly]

　英語ならではの言葉遊びですね。シンプルさという意味では、数字やアルファベットを使ったものもよく知られています。

"Why is six afraid of seven?" "Because … seven ate nine."

「どうして6は7のことが怖いの？」「だって…7は9を食べたから」
[*eight（8）とateをかけて]

"In the field, there are 30 cows and 28 chickens. How many didn't?" "Ten. Twenty (cows) ate chicken, so ten didn't."
「牧場に30頭の牛と28羽のニワトリがいます。何匹食べなかった？」
「10頭。20頭がニワトリを食べて、10頭は食べなかった」
[*28はtwenty eightではなく、twenty ateだった！]

"What letter of the alphabet has lots of water?" "The C."
「アルファベットの中で水が多いのは何？」「C」[*sea(海)]

"What begin with T, ends with T and has T in it?" "A teapot."

「Tで始まって、Tで終わって、Tが入っているものって何？」「ティーポット」[*最後のTはtea(茶)]

少し複雑になり、難易度が上がってくると、なかなか大人にも解くのが難しくなってきます。

"Franky left his home to go to town on Friday. It took him three days to get there. And he came back on Friday. How is that possible?" "Friday is the name of his horse."
「フランキーは町へ行くために金曜日に家を出ました。町まで3日間かかりました。そして彼は金曜日には戻ってきました。どうやったらそんなことできる？」「馬の名前がフライデーだったから」[*on Friday は「金曜日に」ではなく、「馬のフライデーに乗って」という意味だった！]

"What do you get when you eat with your mouth open?" "Seafood ."
「口を開けたまま食べる食べ物は何？」「シーフード」
[*see food（食べ物を見る）]

"What has two hands and a face, but no arms and legs?" "A clock."
「手が2本あって顔が1つあるけど、腕も脚もないものって何？」
「時計」[*時計には2本の針（hand）と文字盤（face）がある]

今回、真剣になぞなぞに取り組んでくださった方は意外にお疲れになったのではないでしょうか。最後に、これまた子供たちになぜか大人気のナンセンスなぞなぞを…。

なぞなぞで、子供も大人も頭の体操

**Q1:** What are the three steps to put a giraffe in the refrigerator?

**A1:** Open the door, put in a giraffe and close the door.

Q1: キリンを冷蔵庫に入れるために必要な3つの手順は？

A1: 冷蔵庫のドアを開けて、キリンを入れ、ドアを閉める。

**Q2:** What are the four steps to put an elephant in the refrigerator?

**A2:** Open the door, take the giraffe out, put in an elephant and close the door.

Q2: ゾウを冷蔵庫に入れるために必要な4つの手順は？

A2: 冷蔵庫のドアを開けて、キリンを出し、ゾウを入れ、ドアを閉める。

**Q3:** The lion gathered all the animals for a meeting. Who was absent?

**A3:** The elephant. He was in the refrigerator.

Q3: ライオンが動物をみんな集めて会議を開きました。欠席したのは誰でしょう？

A3: ゾウ。今は冷蔵庫にいる。

**Q4:** There is a river where alligators live. How do you cross?

**A4:** Just swim through the river. The alligators are at the lion's meeting.

Q4: ワニの住む川があります。どうやって渡る？

A4: 泳いで渡る。ワニは今、ライオンの会議に出席中。

何問正解できましたか？ 周りの人とぜひ楽しんでください。

## 笑える　英語のジョーク百連発！

2016年7月29日　初版発行

**著者**
大島希巳江
© Kimie Oshima, 2016

**KENKYUSHA**
〈検印省略〉

**発行者**
関戸 雅男

**発行所**
株式会社　研究社

〒102-8152　東京都千代田区富士見2-11-3
電話　営業(03) 3288-7777(代)　編集(03) 3288-7711(代)
振替　00150-9-26710
http://www.kenkyusha.co.jp/

**印刷所**
研究社印刷株式会社

**装丁・DTP**
株式会社イオック(目崎智子)

**イラスト**
矢戸優人

ISBN 978-4-327-45276-6　C0082　Printed in Japan

価格はカバーに表示してあります。
本書の無断複製(コピー)は著作権法の例外を除き、禁じられています。
また、代行業者などによる電子的複製行為は一切認められておりません。